マドンナメイト文庫

禁断告白スペシャル 隣の淫らな人妻と……

素人投稿編集部

第一章　身近な人妻がふと見せる牝の貌

第二章　年下男との姦淫に秘唇が濡れ疼き

第三章 熟妻たちの艶姿に滾る牡の欲棒

第四章 求めるがままに快楽を貪り合い

※本書に掲載した投稿には、読みやすさを優先して、編集部でリライトしている部分もあります。なお、投稿者・登場人物はすべて仮名です。

第一章　身近な人妻がふと見せる牝の貌

かつて思いを寄せた幼馴染と再会して突然のキスをきっかけに激しく求め合い

盛田沙紀　パート主婦・四十三歳

「あれ、沙紀《さき》……だよな？」

私が事務処理に追われていると、急にそう呼びかけられました。その方向に顔を向けると、スーツ姿の男性が驚いたようにこっちを見つめていたんです。

「……えーっ、昇《のぼる》くん！」

小中学校時代の同級生で、そのころ私が、ずっと思いを寄せていた昇くんに再会したのは、パートで経理の仕事をしている健康食品の工場でした。

「うそでしょ、どうしているの？」

東京の大学に進学した昇くんは、そのまま向こうで家庭を持ったと風の噂で聞いていたので、キツネにつままれたような気分でした。

「俺さ、五年前に離婚して、シングルファザーやってたんだけど、何か東京の生活に疲れちゃってなー。いい条件の就職先があるって、親戚が紹介してくれたから、ま、思いきって、この年でUターンしてきたってわけ。こっちなら実家もあるし、こんなふうに気心の知れた同級生もいるしさ」

私は気心の知れた同級生とか言われて、ちょっとポッとしてしまいました。

確かに利害関係のない子どものころをともに過ごした間柄というのは、特別なものなのかもしれません。私たちは、お互いそれなりに年はとっていますが、話をすればタイムスリップしたようにあのころに戻った気分でした。

「そうだったの。昇くんがシングルファザー……たいへんだったんだね」

「いやー、沙紀がお母さんってのも、びっくりしちゃうよ」

それで私、昇くんに何かしてあげたいって思っちゃったんです。

だって、初恋の人が困ってたら、やっぱり助けてあげたいじゃないですか。

聞けば、昇くんの子どもは小五の育ちざかりなのに、食事はスーパーのお惣菜やコンビニのお弁当ばかりだというんです。

「じゃあ、今度、私がご飯作りに行ってあげるよ」

せめてたまには、手作りの料理を食べさせてあげたいと思ったんです。

「いや、でも、沙紀だって家庭があるじゃないか」

「いいのよ。うちの旦那は、私がいないほうが、子どもたちも仲よくしてくれるから、うれしいみたいなんだもん」

それはほんとうのことでした。うちは中二と小六の娘なので、ふだんはもう父親とは口もきいてもくれないんです。だけど私がいないと、お父さんがおいしいものをご馳走してくれるので、機嫌よく話してくれるらしいんです。

ですから「週末、出かけてもいい?」って聞いたら、夫は笑顔で「おお、行っといで」って。さすがに相手が好きだった男子とはいえませんでしたけどね。

そうして私は、昇くん親子の住むマンションを訪ねたんです。

初めて好きな人の部屋に行く若いころのようにドキドキでした。料理もいつも家族に作ってるより気合入れちゃったりして。だからって、私、昇くんと男女の関係になるなんて思ってなかったんですよ、そのときは……。

「うわー、すごくおいしいです。毎日、こんなご飯だったらいいのに」

「うれしー、いっぱい食べてね。どんどんおかわりして」

昇くんの息子さんも素直ないい子で、とても楽しい夕げでした。

「へーっ、お父さんたちは、小学生のときから友だちだったんだ」

「そのころのお父さんに、すごくよく似てるよ」

「えー、じゃあ、ボクって将来、お父さんみたいになるの？」

「なんだよ、不満げじゃないか。お父さん、けっこうイケてるだろ」

和気あいあいと話に花が咲きましたが、初対面の大人を前にやはり息子さんは緊張していたのか、早々に寝てしまいました。すると昇くんが言いました。

「今日はありがとう、沙紀。大通りまで送ってくよ」

マンションはこのへんで最も高い八階建てで、昇くんの部屋は最上階でした。

エレベーターに乗ってドアが閉まると、一瞬の間をおいて、私は昇くんに抱き締められたんです。逃げようと思えば逃げられたと思いますが、私はわずかに抵抗しただけで、そのまま彼の胸や腕、体温を感じていました。

「俺、このまま中学時代に戻ったら、沙紀に告白できると思う」

そう言った昇くんが、私をまっすぐに見つめたまま、唇を重ねてきました。私は心の中で「ダメよ」と思いながら、避けることができませんでした。いえ、そうなることを望んでいたように、目を閉じて受け入れてしまいました。

昇くんの唇は温かくてしっとりと濡れていました。私の心臓はバクバクして口から飛び出しそうでした。ゆっくりとお互いの唇が閉じたり開いたりして、エレベーターが一階に着くころには、ヌルヌルになっていました。

「沙紀、俺、もっとキスしたい」

その顔からは子どものころの面影《おもかげ》など消え去り、男の劣情に満ちていました。

「だ、だけど……ん、んぐ、むぐ」

昇くんの口から少しだけビールの香りがただよってきました。

困ったように逃げまどう私の舌を、昇くんの舌がしつこく追いかけ回しました。うごめく唇の間で、二人の唾液が混じり合い、泡立っていきました。

「あん、はぅ……」

クチュ、グチュグチュ……執拗《しつよう》に口の中をかき回されて、私も観念したように舌に絡みつけていました。

「んぐっ……」

クチュッ……ジュルル……一階に到着すると、私の背後にあったエレベーターのボタンを昇くんが押すのがわかりました。ドアが閉まって、もう一度、昇りはじめました。一階から最上階まで昇っていく間、ずっといやらしく舌が絡んでいました。

それどころか、のぞき込むように首をかしげた昇くんが、私の頬に両手を添えて、突き出した舌を私の唇の間にヌメッと入れてきたんです。そのまま昇くんは、その舌を私の口の中に、ピストンのリズムで出し入れしはじめました。

グジュッ、ブジュッ、ジュボッ……。それだけで私は頭が朦朧《もうろう》として、犯されているような気分でした。口元のねばりつく音が、どんどん速くなっていきました。

エレベーターが八階に着いてドアが開くと、私は昇くんに抱きかかえられるようにして、再び部屋に連れていかれました。さっきまで楽しく食事していたダイニングで、別人のような昇くんに抱き寄せられました。

「ちょ、ちょっと待って……昇くん」

昇くんは驚くほど強い力で私を抱き締めて、首筋に顔を埋《うず》めてきました。

「な、何するの？　ちょっと待ってってば」

私の首筋に浮いた汗を舐め取るように、舌を這わせてきました。

「ヒイィ、そんなこと……あ、あぁあっ、」

エッチな感触に襲われて、私の体が小刻みに痙攣してしまいました。

ナメクジのような舌は首筋から移動して、私の耳たぶを舐め回し、耳の中を這い回りました。穴の中に舌先をねじ込んで、弾いたり、ほじったり……。

「あッ、あッ、耳、弱いの……ゾクゾクしちゃう」

昇くんの荒い息づかいが、私の耳の奥まで響いていました。男の人の興奮した息づかいなんて、いつ以来かわかりませんでした。胸をかき乱されました。

「あんん、やっぱりこんなこと……」

すると昇くんが、耳舐めを続けながら、私の着ていたブラウスの上から胸にさわってきたんです。いきなりギュッ、ムニュッともみしだかれました。

そんなふうに興奮をぶつけられるのも、ずっと忘れていました。

「ね、乱暴にしないで……むっ、んぐぐ」

私はイヤイヤと髪をゆらしながら、少しずつ逃げるように後ずさりしました。

でもすぐに冷蔵庫に背中が押しつけられて、身動きできなくなっていました。

両方の乳房が、ムギュッ、ムギュッと激しくもみ上げられました。

「んむぐぐ、うぐぅ……ハウッ」

乱暴にしないでと言っておきながら、もまれればもまれるほど、乳首が敏感になっていくのがわかりました。すると昇くんが耳元でささやきました。

「俺、中学のとき、いつも沙紀のこと考えながら、オナニーしてたんだ」

私の心臓はさらにドキドキと鼓動を繰り返しました。

「や、やだ、そんな目で見てたの……エッチ」

とがめるように言いながら、思い出していました。

私だって、昇くんの顔や声を思い出しながら、クリトリスをいじっていました。昇くんにバージンをもらってほしくて、初めて膣に指を入れてみました。最初は痛かったけど、そのうちに中でもイケるようになっていたんです。

だけど、そんなこと、私は口に出せるはずがありません。

「三十年近くたって、ほんとうに沙紀とこんな……夢みたいだよ」

私もうれしい気持ちはあったんです。でも、昇くんは離婚したシングルファザー、私は夫がいる身、立場が違うの……この期《ご》に及んでそんなことを考えていると、昇くんがいきなりフレアスカートの中に右手を差し入れてきました。

「あッ、ダメ……」

腰をくねらせて逃げようとしても、冷蔵庫に押しつけられているので無理な話でした。昇くんの右手はそのままショーツの中に入ろうとしました。

「ダメだって、私、結婚してるんだから」

私はスカートの上から昇くんの手首を握って抵抗しましたが、昇くんは指の関節を尺取虫《しゃくとりむし》のように曲げたり伸ばしたりして、奥に入れてきました。そして指先が、汗で湿った私の太腿の間、ヴァギナに到達してしまったんです。

「はふぅ、ん、んん、うぅ」

私の下半身がブルブルと震え、切ない鼻息が洩れました。

「……沙紀、もうヌルヌルじゃないか」

「そ、そんなことないもん」

昇くんは指を順番に折りたたむようにして、四本の指先で私の割れ目をさわってきました。圧迫されたヒダヒダが、ウネウネと逃げ惑っているようでした。

「いや、そんなふうに、さわられたら……」

自分の陰部のうごめきが、目に見えるように伝わってきました。

「……あぁ、いやらしい」

あまりの恥ずかしさに、私はどうしていいかわからず、自分から唇をクチュッと重ねていきました。唇はローションを塗ったようにすべり、もつれ合う舌が、昇くんと私の口の中を行ったり来たりしました。荒い息とねばった音が耳の奥に響き、口角から唾液が溢れて、二人のノド元まで濡らしていきました。

「んぐ、ジュルル、むぐ、ジュルッ」

私のショーツにぴったりとハマった昇くんの右手の指先は、正確なリズムを刻むように、ヴァギナの割れ目をさわりつづけていました。熱いぬかるみと化した私の陰部に、四本の指先を押しつけ、円を描くようにこね回していたんです。

「グチャグチャだぞ、沙紀」

「……ど、どうして、何回も言うの」

すると私のスカートの中から、クチュクチュ、グチュッ、グチュというねばった音が響いてきました。昇くんがわざと音が出るように指を動かしたんです。

「いやッ、そんなエッチな音……イジワル」

逃げるように腰を振ると、逆に昇くんの指がクリトリスに当たりました。

「アウッ！」

そこは信じられないほど敏感になっていました。言いわけもできないほど硬く勃起していたのでしょう。昇くんの指が離れることはありませんでした。

「あッ、ああーッ、ダメダメ、そこ、そんなにぃっ」

存在を主張するようにこり固まったクリトリスを、昇くんが中指と人差し指ではさみ、押しつけ、激しいバイブレーションを送りこんできました。

「す、すごい！　こんなの、おかしくなっちゃう！」

私は前後に動くウエストから下を、止めることができませんでした。

「イヤイヤ、どうして……すぐにイッちゃうよぉ」

ほんとうにアッという間でした。私は自分の上半身がググッと硬直して、下半身が小刻みに痙攣しはじめるのを感じました。

「イク、イクッ、もおッ、あぁーっ！」

全身がひきつけを起こし、私は昇くんにしがみつきました。

そのままで、ビクッ、ビクッと続けざまに下半身が弾みました。それから、ゆっくりと四肢の力が抜けて、私の体は弛緩《しかん》していったんです。

「ずるいよ……昇くんだけ、こんなことして」

一度達してしまったことで、私の覚悟も決まったのかもしれません。

「だったら、私だって……しちゃうんだから」

照れ隠しのように言い放って、昇くんの下半身に手を伸ばしました。昇くんのはいていたスウェットパンツのウエストゴムを引っぱり、ボクサーブリーフの中に手を突っ込んで、ペニスを握り締めてしまったんです。

「うぅ、沙紀、いきなりそんな……」

「やだ、昇くんたら、私のことヌルヌルとか言って、自分だって、こんなに硬くなってるじゃない……あぁ、いやらしい、カッチカチよ」

そう言って私は、熱く勃起したペニスをグイグイとしごきました。

「今度は、昇くんが冷蔵庫に寄りかかって」

昇くんが冷蔵庫を背にすると、私はスウェットとボクサーブリーフを引きずりおろし、ペニスを引っぱり出しながら、彼の足元にしゃがみ込みました。

「あぁ、なんか……すごいんだね、昇くん」

昇くんのペニスはイメージと違うというか、亀頭のカリがキノコみたいに張り出して、棒の部分も血管が浮いてゴツゴツしている感じでした。

見ているのもさわっているのも恥ずかしくて、私はいきなり口に含んでしまったんです。どうしていいかわからず、首を振って出し入れしました。

「沙紀、そんな……うぅっ、気持ちいぃぃ」

もちろん私は、結婚してから夫以外の人のペニスをフェラチオするなんて、初めてのことでした。ただ、その人は思春期に異性として好きになった初恋の相手なので、郷愁《きょうしゅう》と興奮の入り混じったような不思議な気持ちでした。

しばらく口の中に出し入れしていると、次々とわき出す私の唾液にまみれて、昇くんのペニスはヌルヌルに光っていきました。

「くうっ、すごくエロい顔してるぞ、沙紀」

「どうして、そんなイジワルばっかり言うの、昇くん」

そう言いながら私は、昇くんに見せつけるように、袋の裏からカリ首の溝まで舐め回しました。エロい顔と言われて開き直ったのかもしれません。パンパンに張りつめた亀頭を押しつぶして、開いた尿道口に舌先までねじ入れました。

すると、昇くんが苦しそうな声で発したんです。

「ハッ、ハッ……我慢できない、入れていいだろ?」

私は少し考えてからコクリとうなずき、ゆっくりと立ち上がりました。

「テーブルに手を着いて、お尻を突き出してくれ」

私はまだブラウスもフレアスカートも身に着けていました。そのままダイニングテーブルに両手を着いて、脚を開き腰をグッと入れてお尻を突き出すと、昇くんがスカートを背中までまくって、私の背後にしゃがみ込んだんです。

「ああ、沙紀、すごくエッチなお尻だ」

「いや、見ないで、入れるんじゃなかったの?」

「入れるよ。でも、その前に見たいんだ、沙紀の……」

そう言いながら、昇くんは、私のショーツを奪い取っていきました。私が身動きできずにいると、裏腿やお尻をなで回してきました。そして、あろうことか、ヒップの肉に両手の指を突き立てて、グッと左右に広げたんです。

「あッ、いやッ、そんなに……広げないで」

「これが沙紀のオマ○コか。想像してたよりずっとエロいな」

「エロいエロい言わないで、恥ずかし……ヒイッ」

いきなりブチュッと口をヴァギナに密着させてきたんです。そのままいやらしいクンニが始まりました。ディープキスのように激しく唇と小陰唇をこすり合わせて、伸ばした舌先でクリトリスをこねるように舐め回してきました。

「そ、そんなふうにされたら、またイッちゃう、すぐにぃっ」

私はまたたく間に、恥ずかしい立ちバックのクンニでイッてしまいました。息も絶えだえでテーブルに上半身を突っ伏すと、昇くんの声が聞こえました。

「なぁ、沙紀、中学のときから、こんなにエロいオマ〇コだったのか?」

「な、な、何言ってるの? 信じられない……ヘンタイ」

「……ヘンタイだから、こんなこともしたいんだ」

すると昇くんは、再び私のお尻の肉を広げて、アナルに舌を突き立ててきたんです。自分の肛門の括約筋が激しく収縮するのがわかりました。

「イヤイヤ、やめてッ!」

そんなこと夫にもされたことがないのに、感じている私がいました。ヴァギナをクンニされるのとは違う、ゾクゾクとまとわりつく快感でした。

「ダ、ダメだって、そんなとこ……」

「初めてなのか、アナル舐め？」

「あたりまえでしょ。ね、昇くん、ふつうに……入れて」

そう言うと、昇くんがスッと立ち上がって、右手でペニスを握り、亀頭の先を膣口にあてがい、角度を探るようにグチュグチュと上下させてきました。

「うん、そこ……そこに入れて、昇くん」

次の瞬間、グジュッ！　と一気に根元まで突き入れられました。

「あぁッ、奥まで……すごく太いのが」

「おおッ！　沙紀のオマ○コ、入れ具合もめちゃくちゃエロいぞ」

昇くんは私のウエストを両手でつかんで、グチャッ、グチャッとリズミカルな挿入を繰り返してきました。熱くて硬いペニスに奥まで貫かれるたびに、私は強烈な興奮に襲われました。四肢の先まで快感に包まれていきました。

「くうッ、丸見えだ……沙紀のオマ○コに、俺のチ○ポが」

「やめて、想像しちゃう……あぁ、いやらしい」

好きだった同級生に、立ちバックで突き入れられている。しかも自分は夫のいる身だというのに……全身の毛穴が開き、汗が滝のように流れていました。

「ああっ、私、おかしくなっちゃうぅー」

亀頭が膣の奥に達するたびに、私は天井をあおいで髪を振り乱しました。

「もう、ダメ……イク、私、イッちゃう」

何度イッても、もっと欲しくなりました。

「ね、昇くん、そこの椅子に座って。今度は私が……」

昇くんがダイニングチェアに腰をおろすと、下半身だけすっぽんぽんになった股間に、私の愛液でネバネバのペニスがニョキッと突き立っていました。

「あぁ、いやらしい」

私はフレアスカートを脱ぎ去って、椅子に座った昇くんに正面から抱っこするように、がに股になって跨《また》がっていきました。

「そのままにしててね、私が入れるから」

脚を踏ん張り、ペニスを握って、亀頭を自らのヴァギナにあてがいました。

「んむぅ、あ、ああ……」

ヌルヌルの膣粘膜が抱き締めるようにペニスを呑み込んでいきました。

「あぁっ、すごい……感じるよ、昇くんが私の中に」

二人とも顔を紅潮させて、ひたいから首筋まで汗まみれにしていました。ペニスを出し入れしながら昇くんのトレーナーを脱がせると、彼の体にも滝のような汗が流れていました。対面座位で前後に動かす私のヒップも、汗でコーティングされてヌルヌルにすべり、昇くんの太腿の上をスムーズに往復しました。

「どうしよう、腰が勝手に……動いちゃう！」

昇くんも負けじと、抱っこした私のウエストを両手で持って、下からペニスを突き上げてきました。私は強烈な快感に悶《もだ》え、喘ぎながら、自らブラウスを脱ぎブラジャーをはずしました。とうとう二人とも汗だくの全裸になりました。

「あッ、あうッ、いい、気持ちいいッ！」

私は髪を振り乱し、挿入部分を上下に、前後に、動かしつづけました。

「沙紀、旦那さんとするときも、そんなに腰を振るのか？」

「イヤ、やめてッ！」

私は昇くんを黙らせようと、自分から唇を重ね、唾液が滴《したた》るのもかまわず舌を絡めながら、さらに大きく股間をしゃくり上げました。

「くぅ、沙紀……ダ、ダメだって」

昇くんが快感に身悶えながら、私の左右の乳首を親指と中指で挟み、グリグリとこね回しました。乳首がつぶれるほど、ひねり、引っぱったんです。

「いいぃッ……もっとイジメて、私、死んじゃうぅ」

私は昇くんにしがみつくように抱きついて、その耳をしゃぶり、顔面を舐め回しながら、激しいリズムでヒップを振って膣粘膜でペニスをしごきました。

「むぐ、はぅ、こんなの俺……」

二人とも全身汗まみれで、まるで摩擦が消えたようにお互いの体がすべりました。身も心も融け合っていくようでした。いつまでも、このふしだらな時間に溺れていたいと思いました。でも、昇くんがうめくように発したんです。

「あぅ、も、もう……出ちゃう」

その泣きそうな声を聞いて、私はいっそう激しく腰を躍《おど》らせました。

「ああっ……私もイク、イクよッ！」

ダイニングチェアに座る昇くんに抱っこした私の体が、ビクン、ビクンと爆《は》ぜ返りました。私の絶頂を引き継ぐように、昇くんが叫びました。

「ぐうぅっ、出る！」

かたまりのような精液が、何度も私の膣の中に吐き出されました。

「すごい、当たって……またイッくうぅっ」

私はしばらくの間、全身を波打たせ、ビクビクと痙攣を繰り返しました。

「はッ、はッ、私、こんなに感じちゃって……恥ずかしい」

快感の余韻の中で、私は昇くんに抱きつき、耳元でささやきました。

「今度は私の……お尻のバージン、あげるね」

それが私と昇くんの淫らな関係の始まりだったんです。

もう一年近く続いています。月に一度か二度は、昇くん親子の部屋を訪ね、手料理をふるまい、不倫セックスに溺れているんです。

あまり頻繁に通うと夫に疑われると思いつつ、我慢できないんです。

最近は昇くんを責めるのも楽しくて、「入れたかったら、エッチな声出して」なんて、素股で挑発しちゃったり。すごくエッチな女になった気がします。

ええ、最後はいつも、アナルに中出ししてもらいます。

だって、これから先もずっと、私のお尻の穴は、昇くんだけのものですから。

家賃の催促にきた美熟女の大家さんが「私が教えてあげる」とペニスを導いて

長谷川茂夫　大学助教・四十五歳

これはいまから二十数年前の出来事です。私は当時、貧乏大学院生でした。将来は学者になりたくて勉強をがんばっていたために、バイトをする時間もなく、常に金欠だったんです。そのため、アパートの家賃も滞りがちでした。

それで三カ月分滞納していると、同じ敷地内に住んでいる大家の奥さんが私の部屋を訪ねてきました。

「ねえ、長谷川《はせがわ》君。家賃、遅れてるんだけど。うちの人が催促してこいって言うもんだから。ごめんね」

「すみません。今月末には必ず振り込みます」

とっさに私は適当なことを言いましたが、心臓がドキドキと激しく鼓動を刻んでいました。それはなにも家賃を催促されたからというわけではなく、奥さんとすぐ近くで向かい合っている状況に興奮してしまうのでした。

奥さんは四十歳ぐらいの色白の美人です。中学生の子どもがいるのですが、そんなふうには見えません。丸顔の童顔で、少しアイドル歌手っぽい見た目なんです。性格もおっとりしていて、私は以前から奥さんのことを「いいなあ」と思っていたんです。

アパートは大家さんの家と同じ敷地内に建っていたため、奥さんが庭を掃除したり、ベランダに洗濯物を干したりしている様子をたまに見かけるのですが、若かった私はそのたびにムラムラして、つい奥さんをオカズにしてオナニーをしてしまうのでした。

そんなふうに、いつも卑猥な妄想ばかりしていたせいで、奥さんと面と向かうと罪の意識が込み上げてきて、顔をまっすぐ見ることができません。

それで視線を落とすと、セーターに包まれた丸い巨乳がすぐ目の前にあり……。あわててさらに下に視線を向けると、むっちりとした腰回りを包み込むスカート。そしてストッキングをはいていない生足。どこを見ても興奮してしまうんです。

「大丈夫？　鼻血が出てるわよ」

奥さんにそう言われて私はハッとしました。あわてて手で鼻の下をぬぐうと、真っ赤な血がついていました。興奮するとほんとうに鼻血が出るんですね。

「ダメよ、手が汚れちゃうわ。私がふいてあげる」

奥さんが私の顔をのぞき込むようにしながら、ハンカチで私の鼻血をふいてくれました。息がかかりそうなほど近くに奥さんのきれいな顔があり、私はもう頭の中が真っ白になるぐらい興奮してしまいました。

当時の私はまだ童貞で、キスをしたこともなかったんです。もうどうしていいかわからずに、棒のように体を硬くしながら、奥さんに鼻血をふいてもらっていました。

「少し横になってたほうがいいわ。ちょっと入らせてもらうわよ」

奥さんは私の背中を押してベッドまで連れていき、あおむけになった私の胸を、小さな子どもにするようにポンポンと優しく叩きながら思いがけない問いかけをしました。

「長谷川君は彼女はいるの？」

「いませんよ、そんなの！」

とっさに私は大きな声を出して否定してしまいました。そんな私に意味深な笑みを向けながら奥さんは言うんです。

「じゃあ、やっぱり溜まってるのね」

「え？　溜まってるって……なにが？」

奥さんは恥ずかしそうに顔を赤らめながら、私の問いかけに答えました。

「……精液よ。勉強に集中するためにも、出してスッキリしたほうがいいわ。私が手伝ってあげましょうか？　いやかしら？」

その夢のような提案に、私はあおむけになったまましどろもどろになってしまいました。

「そ……そんな……いやではないですけど……」

「そうよね。いつも私のことをいやらしい目で見てたものね」

奥さんは全部お見通しだったんです。

「私ね、夫とはもうずっとエッチなことをしてなくて、とってもさびしい思いをしているの。あの人、もう私に女を感じないらしいのよ。子どもが出来たら、どうしてもそうなっちゃうのよね。なのに長谷川君はいつもギラギラした目で見てくれるからうれしかったのよ。ねえ、私を満足させてくれたら、滞納してる家賃をもう少し待ってあげてもいいわよ」

願ってもない申し出です。でも、まだ信じられません。

「……本気ですか？」

「本気よ。こうしたら信じてもらえるかしら？」

胸の上に置かれていた奥さんの手が、私の下腹部のほうへと移動していきました。そして、ズボンの上から股間をなで回すんです。

そのときにはもう私のペニスは完全に勃起していて、ズボンのチャックが壊れてしまいそうなほどになっていました。

「なんだかすごいことになってない？　ちょっと見せてね」

奥さんは私のベルトをはずし、ジッパーをおろしました。そしてズボンを脱がすんです。するとブリーフに包まれた私の股間が露《あらわ》になりました。そこはもう生《き》地《じ》が伸びきり、勃起したペニスの形がはっきりとわかるほどです。

しかも、先端部分に若干シミが出来ていました。

「このシミって、ひょっとして我慢汁？　若いってすごいわ。ねえ、直接見せてちょうだい」

奥さんはブリーフをつかんで引っぱりおろそうとするのですが、ペニスが大きくなりすぎていて、先端がどうしても引っかかってしまうんです。それでも奥さんは気持ちが急くのか、無理やりブリーフを引っぱりおろすんです。

「あ、ダメです、奥さん……ううう……」

私がうめき声を洩らした瞬間、ブリーフがずるりと下にずれてペニスが飛び出し、下腹に倒れ込んでビターン！　と大きな音が響きました。

「あっ……す……すごいわ！」

奥さんは目を見開き、私のペニスをじっと見つめています。でも、私は奥さんがなにに驚いているのか、よくわかりませんでした。

実は私は勉強ばかりしていたので当時はまだ童貞で、自分のペニスを誰かに見られたことはなく、それが他人と比べてどうなのかもわかっていなかったんです。

恥ずかしそうにしている私の反応を見て、奥さんは不思議そうに言いました。

「どうしたの？　長谷川君……ひょっとして……？」

いたたまれなくなった私は上体を起こして奥さんに謝りました。

「すみません。ぼく、まだ経験がなくて……奥さんを満足させるなんてできそうにありません」

「なに言ってるの。初めてなら私が教えてあげるわ。だから自信を持って。だって、長谷川君のオチ〇チンはこんなに立派なんだもの」

そう言って大家さんはペニスをつかみました。ペニスが立派だと言われたこともうれしかったですし、大家さんの手はしっとりしていて、少し冷たくて、熱くなっているペニスにはすごく気持ちいいんです。

私の口からはつい正直な感想がこぼれてしまいました。

「うう……奥さん、すごく気持ちいいです」

「これからもっと気持ちよくしてあげるわ。覚悟しなさい」

冗談っぽく言うと、奥さんはペニスを握り締めた手を上下に動かしはじめました。するとさっきよりもさらに強烈な快感が私の下腹部を襲いました。

手でしごくだけならふだん自分でしているのと変わりはないはずなのに、奥さんにしごかれるとペニスがとろけてしまいそうなほど気持ちいいんです。

だけど、それもまだ序の口でした。不意に手の動きを止めたと思うと、奥さんは私の股間に顔を近づけてきました。そして、ペニスの裏筋につーっと舌を這わせたのでした。

「はっ、あううっ……」

舌先のぬるりとした感触が根元から先端にかけてすべり抜け、私は変な声を洩らしてしまいました。

「やっぱり手よりもお口のほうがいいでしょ？　それに私も長谷川君のこの硬いオチ○チンを味わってみたいし……」

そう言いわけするように言うと、奥さんはペニスの根元をつかんで先端を天井に向けて、幹から亀頭にかけてをアイスキャンディーを食べるときのようにぺろぺろと舐め、ついには先端から一気に口に含み、温かな粘膜でぬるぬると締めつけるのでした。

「お……奥さん……それ、気持ちよすぎます！」

生まれて初めて経験するフェラチオ、しかもずっとエロい妄想の対象だった奥さんのフェラチオは甘美すぎる快感で、私は両手をぎゅっときつく握り締めてしまうのでした。

奥さんはじゅぱじゅぱと唾液を鳴らしながら、おいしそうにペニスをしゃぶりつづけます。その顔がものすごくエロいのですが、おまけに前屈みになっているために襟ぐりから胸の谷間が丸見えになってしまっているんです。

奥さんはかなりの巨乳なので、首を上下に動かしてペニスをしゃぶるのに合わせて、オッパイがたぷんたぷんと揺れているのでした。

そんな様子を見ながらフェラチオされていると、若かった私はすぐにイキそうになってきました。このままだと奥さんの口の中に射精してしまいそうです。

「ダメです、奥さん。やめてください。ぼくもう、限界です……ううう……」

私がそう言っても、奥さんは全然やめてくれません。それどころか私の反応をおもしろがるように、首の動きを激しくしていくんです。

しかも、竿部分をしゃぶりながら陰嚢を手で優しくもみもみするという熟妻のテクニックを発揮されると、もう私はあっさりと限界を超えてしまいました。

「ああっ、で……出ちゃう……奥さん、ぼく、もう……あっううう！」

ペニスが石のように硬くなり、次の瞬間、奥さんの口の中でビクン！　と激しく脈動しました。それと同時に私は勢いよく射精してしまいました。

「うっぐぐ……」

奥さんは美しい顔を苦しそうにゆがめて、首の動きを止めました。

「ごめんなさい！　奥さん、ぼく……気持ちよすぎて……」

いきなり口の中に射精されて、奥さんは怒っているんじゃないかと私は心配になりました。それだけではなく、せっかく童貞喪失のチャンスだったのに、すべてを台なしにしてしまった……と落ち込んでしまったんです。

そんな私を上目づかいに見つめながらペニスを口から出すと、奥さんはゴクンと喉を鳴らして精液を全部飲み干してしまいました。そして奥さんはおいしい料理を食べたあとのように、唇をぺろりと舐め回すのでした。

「お……奥さん……飲んでくれたんですか？」

「そうよ。若い男性のエキスだもの、飲まないともったいないわ。美容にいいっていうし。だけど、なんだかお腹の中がポカポカしてきちゃった。ああん、体がほてるわぁ……」

そう言うと、奥さんは自ら服を脱ぎはじめました。それを見て、童貞喪失のチャンスはまだ失われていなかったと私はホッとしました。すると、大量に射精していったん萎《しぼ》みかけていたペニスが、またムクムクと力をみなぎらせていくのでした。

奥さんは少しあきれたように言いました。

「まあ、元気ねえ。でも、今度は長谷川君が私を気持ちよくしてくれる番よ。いいわよね?」

「もちろんです! でも……」

やはり童貞である私は、人妻を相手にすることにどうしても臆してしまうのでした。もちろんそんなことは、奥さんは百も承知です。

「安心して。私がリードしてあげるから。ほら、オッパイをさわってみて」

服をすべて脱ぎ捨てて全裸になった奥さんは、私に向かって胸を突き出しました。さっきは襟ぐりからわずかにのぞく白いふくらみを見て興奮していたのに、いまはすべてが剝き出しになっているんです。

それは色が白くて、ソフトボールのように丸くて、少し大きめの乳首がすごくいやらしいんです。私は奥さんの気持ちが変わらないうちにと両手を伸ばしました。赤ん坊のころを除けば、初めてさわるオッパイです。

私はうっとりと目を細めながら、奥さんのオッパイをもみつづけました。

「あぁぁあん、私のオッパイはどう?」

「すごくいいです。ああ、オッパイってこんなにいいもんなんですね」

「もむだけじゃなくて、舐めたり吸ったりしてみて」

言われるまま私はオッパイに食らいつき、左右の乳首を交互に吸いました。すると乳首が硬くなっていくんです。

本能的に私はその乳首をチュパチュパ吸い、前歯で甘嚙みしてみました。

「あっ……あぁぁあん……それ……すごく気持ちいいわ。あぁあん……」

奥さんは私の頭を抱き締めるようにしながら、切なげな声を出すのでした。

確かに奥さんのオッパイは最高でした。だけど、だんだんとそれだけでは物足りなくなってきました。そのことが奥さんにも伝わったようでした。

「オッパイはもう十分って感じね。いいわよ。私ももっと違う場所も気持ちよくしてもらいたいから」

「違う場所?」

私は奥さんの下腹部に視線を向けました。すでにパンティも脱いでいましたが、そこには黒々とした陰毛が茂っていて、肝心な場所が全然見えないんです。

「そう、そこよ。舐めて気持ちよくしてくれる?」

「は……はい! 舐めさせてください!」

思わず大きな声が出てしまいました。その当時、すでにインターネットの無修正画像などで女性器は見たことがありましたが、生ではまだ一度も見たことがありませんでした。

鼻息を荒くしている私に淫靡な笑みを向け、奥さんはベッドの上にあおむけになりました。そして、両膝を抱えるように持つんです。

するとM字開脚ポーズで私に向かって陰部を突き出す体勢になり、正面から見たときは陰毛が邪魔で全然見えなかった女性器が完全に剝き出しになりました。

「す……すごい……」

「なにがすごいの?」

奥さんは首を起こして顔を私のほうに向けてたずねました。顔とオッパイと陰部とお尻の穴が、全部丸見えです。しかも、奥さんの割れ目は透明な液体にまみれていて、ぬらぬら光っているんです。

私は息をするのも忘れて、奥さんのオマ〇コをじっと見つめつづけました。

「いやよ、そんなに見たら恥ずかしいわ。それより舐めて気持ちよくしてちょうだい」

そう言う口の動きに合わせるように、あそこがヒクヒク動いているんです。それはいやらしすぎる眺めです。私は迷わず奥さんの陰部に食らいついていました。

少し生臭いにおいがしましたが、それさえ私にとっては初めてかぐ女性のにおいなので、感動と興奮が押し寄せてくるんです。

AVなどでいちおうクンニがどういうものかということはわかっていたので、私は割れ目の間をベロベロと舐め回しました。

「あぁ、いい……もっとぉ……」

最初はそう言って体をくねらせていた奥さんですが、徐々にもどかしげに鼻奥を鳴らすようになり、とうとうダメ出しが出ました。

「そこよりも、ここがいちばん感じるの。ここを舐めて」

そう言って、自らクリトリスの皮を剝いてみせるのでした。

私はＡＶで勉強していましたが、それにはモザイクがかかっていて、実際にどこを舐めたらいいのかはよくわからなかったんです。

「ここを舐めればいいんですね？　こんな感じでどうですか？」

パンパンにふくらんでいるピンク色の珠を、私はぺろりと舐めました。

「あっはあああん……そうよ、そこよ。もっと舐めてぇ……」

私は言われるままクリトリスを舐めつづけました。すると、ぬるん、ぬるん、と舌先がすべり抜けるたびに、奥さんが体をのたうたせながらすごい声を出すんです。

「あぁぁあん！　いい……はあああん、気持ちいい！　あああん！」

そして呼吸が徐々に浅く小刻みになっていきました。

「も……もういいわ。あああん、やめて……はあああん……」

奥さんはそんなことを言うのですが、私は本能的に「もっとして」という意味だと感じ取り、さらに激しくクリトリスを舐め回し、さらには吸ったり甘嚙みしたりしてあげました。

「あああん、もう……もうダメぇぇぇ！　あっはああああん！」

次の瞬間、奥さんは太腿で私の頭を強く挟みつけて、全身を硬直させました。そして、数秒後に、ぐったりと手足を伸ばしたのでした。

太腿から解放された私は奥さんにたずねました。

「イッちゃったんですか？　ぼくのクンニでイッちゃったんですね？」

焦点の定まらない目を私に向けると、奥さんは寝起きのようなまったりとした口調で言いました。

「そうよ。すごく気持ちよかったわ。だけど、まだ奥のほうがムズムズしてるの。さあ、長谷川君のその大きなオチ〇チンで、奥のほうをいっぱいかき回して」

そして奥さんは、また私に向かって大きく股を開いてくれるんです。そこには膣口がぽっかりと口を開いているんです。童貞の私でも、入れる場所をまちがう心配はありません。

「いいんですね？　ほんとうにぼくの童貞を奪ってくれるんですね？」

そうたずねながらも、奥さんの返事を待たずに、私はパンパンにふくらんだ亀頭を膣口に押しつけました。すると、ペニスが簡単にぬるぬると奥まですべり込んでしまいました。

「あっはあああん……奥まで入ってくるぅ……あああああ……」

「入った……ぼくのペニスが奥さんのオマ〇コに全部入っちゃいました」

童貞を卒業できた、しかもそれがあこがれの奥さんのオマ〇コで、ということに私は感動のあまり鳥肌が立ってしまいました。だけど、いつまでも感動にひたっているわけにはいきません。

「ねえ、動かしてぇ。長谷川君の大きなオチ〇チンで、奥のほうをいっぱいかき回してぇ」

悩ましい声で言いながら、奥さんはキュッキュッとオマ〇コを締めるんです。それが気持ちよくて、言われずとも私の腰は勝手に動きはじめてしまうのでした。

「ああん！　はあああん！　もっと！　もっと突いてぇ！」

「奥さん！　あああ、気持ちいい……ううう……あああああ！」

私は力いっぱい奥さんのオマ〇コをかき回しつづけました。一度、フェラチオで射精していたものの、その快感は童貞男子には強烈すぎて、すぐにまたイキそうになってきました。

「ああ、ダメです。奥さん、ぼく、また……ううう……」

情けない声を出しながらも、腰の動きを止めることはできません。

「あああん……いいわ……長谷川君……今日は大丈夫な日だから……んんん……中に……中にちょうだい」

中に出してもいい、という言葉を聞いた瞬間、私はもう我慢の限界をあっさりと超えてしまいました。

「奥さん……で……出る！　ううう！」

膣奥をズンと突き上げたまま私は腰の動きを止めました。と同時にペニスが脈動し、精液が噴き出すのがわかりました。

そして、それを子宮に受け止めた奥さんが体をのけぞらせました。

「ああ、私もイク～！」

そして私たちはベッドの上でぐったりと体を重ねたまま、しばらくセックスの余韻にひたっていたのでした。それは最高の初体験の思い出です。

そのアパートもいまでは取り壊されて、立派なマンションになっています。その前をたまに車で通ると、あの日の奥さんとの甘美な体験が思い出されて、いまでも股間が硬くなってしまうのです。

人妻AVばかり借りる初老の常連客におま○こを責められ潮まで吹かされた私

梶山美穂子　アルバイト・四十三歳

もう二十年くらい前になるでしょうか。街なかにまだ個人経営のレンタルビデオ店というものが残っていた時代のお話です。

当時、私は四十代前半でした。午後や夜に空いている時間があったので、パートタイムで知り合いが経営しているレンタルビデオ店の店番をしていました。

そのお店、新作の品揃えではとても大手チェーン店にはかないませんから、結果として売り物はアダルトビデオになっていました。やってくるお客さんも、ソレ目当てのスケベそうな男性ばかり。

私ももういいトシでしたし、そちらの話題に拒否感があるタイプではなかったので、お客さんの風貌と借りていくAVの傾向を照らし合わせて、ふーん、こういうのに興奮するのねぇ……なんてこっそり楽しんでいました。

たまに好みのタイプの男性がやってきたりすると、あら、こんな素敵な人もこんなの見ながら一人でシコシコオナニーするのね……とひそかに妄想して、ちょっと興奮したりして。

そんなお客さんの中に、中島《なかじま》さんという常連がいました。年は六十代で、初めて見たときには、男ってこんなトシでもまだスケベに興味があるんだと驚いたものでした。

しかも中島さん、かなりのヘビーユーザーでした。週に二度、三度と来店しては、アダルトビデオばかり毎回五本以上も借りていくんです。

ジャンルはすべて、いわゆる熟女ものというやつです。女優さんはたいてい四十代以上、それもどちらかといえばぽっちゃりタイプでした。

これって、もしかしたら私のこともタイプだったりするのかしら。

ちょっと自意識過剰かもしれませんけど、私、ふとそんなことも考えちゃいました。だって私も当時四十代で、ちょっとぽっちゃり体型でしたから。

それに、私が棚を整理していたりすると、中島さんがねっとりとした目つきで私のお尻を背後から見つめていたりすることがよくあったんです。

不思議なんですけど、私、それも別にイヤではなくって。

こんな初老の男性が、私みたいなおばちゃんに欲望を感じてるのかもって思ったら、なんだかかわいいとさえ思えてしまったんです。

そもそも、あのトシでもアソコはちゃんと大きくなるのかしら。私はそっちにもちょっと興味を持ってしまいました。ちなみにウチのダンナは、四十代ですっかりフニャチンでしたから。

もともとおしゃべり好きだった私は、ほかにお客さんがいないときには、中島さんに話しかけるようになりました。

他愛もない雑談でしたけど、中島さんも意外にうれしそうに答えてくれました。おかげで、中島さんが奥様と死別して、いまはさびしい一人暮らしだということもわかりました。

ある午後のことでした。私、道端でばったり中島さんと出会ったんです。

「あら、中島さん。そういえば、今日は返却日ですからね。忘れないでね」

「いや……それなんだがね、実は今日は予定ができて、閉店までに行けそうもないんだ。あんた、すまんが預かっていってくれんかね。家はすぐ近くだから」

顧客情報で、中島さんがこの近くに住んでいることは知っていました。どうせ今夜は出勤予定でしたから、私はうなずきました。

「ほんとはそんなサービスしないんだけど、お得意様の中島さんだから特別よ」

「すまんねえ。助かるよ」

それで私、中島さんのアパートまで、ついていっちゃったんです。

「よかったら、上がってくれ」

中島さんに招き入れられるまま、私、靴を脱いじゃいました。

ええ、わかってるんです。商品を受け取るだけなら、玄関先でよかったんです。熟女好きのエッチなおじいちゃんってわかってる人の部屋に上がっちゃうなんて、おかしいですよね。

告白すると私、期待してたんだと思います。次に起こることを……。

中島さんの暮らす四畳半は、不潔ではなかったけど、それでもエッチな雑誌、アダルトＤＶＤやＶＨＳがいっぱい。全部熟女ものでした。

私は苦笑まじりにからかいました。

「あらすごい。中島さんて、ほんとにスケベなのねえ。どれだけ元気なのよ、その下半身……」

「そりゃビンビンだよ。どうだい、なんならその目で、確かめてみるかい?」

あら。中島さんの手が、後ろから私のお尻をなで回していました。

それも、ねちっこい、いやらしいさわり方。ちょっと、感じちゃう。

「もう、だめよ。私、これでも人妻よ」

「だからいいんじゃないか。あんたみたいな奥さんが、いちばんそそるんだ。部屋まで上がるなんて、あんたもわかっとるんだろ?」

私が抵抗しないのをいいことに中島さんたら、私を背後から抱きすくめて、両手でオッパイをモミモミしてくるんです。

「あん……だめだってばぁ。そんなとこさわっちゃ……ああん」

「おお、でっかいお乳だ。こんな体して、あんな店で働いて……アンタもほんとはオトコが欲しかったんじゃないかい? んん?」

ささやきながら、中島さんの節くれ立った指が、絶妙にオッパイを刺激してくるんです。

実を言うと、それ、ちょっと当たってるんです。私もときどき、こっそり熟女AVを持ち帰って、家族にナイショで見てたんです。自分と同世代の女優さんが、逞しい男優さんにハメハメされてるのを見て、たまらなくってオナニーしちゃってたんです。

私もけっこう、性欲過多なのかも。だから中島さんにこんなふうに挑まれたら、私も火がついちゃって。

「ああーん、いやぁ、許してぇ。ダンナに怒られちゃう……」

「口ではそんなこと言いながら、体はほてっとるぞ」

中島さん、私のことをお布団に押し倒して、乱暴に服を脱がせはじめました。

ああ、こんな荒々しいの、何十年ぶりかしら。

ここだけの話ですけど私、めちゃくちゃ興奮してました。

Fカップのブラジャーをひきむしられて、丸出しになった大きなオッパイを、中島さんが乱暴にわしづかみにして、先っちょをべろべろしてきます。

「ああーっ、そ、そこ、弱いのよぉっ。舐めちゃいやあんっ」

「へへへ、乳首がもうコリコリしとるぞ。ここがいいのか、んん?」

中島さん、指と舌を両方使って、左右の乳首をいじめるんです。

それが気持ちよくって気持ちよくって、私ったらどんどんはしたない声をあげちゃいました。

「んんーっ、だめだってば……ああ、もう、あひぃーっ」

「こんなに乳頭おっ立てて、いやらしいお乳だな、アンタ」

先っちょをチュパチュパしながら、中島さんが言葉でも責めてきます。

「だ、だってぇ、そんなに刺激されたら、反応しちゃう……あーあぁ」

中島さん、今度は私の下半身に狙いを定めます。パンティの上から、私の大切な部分をイジイジしてくるんです。

あ……自分の指以外で、アソコをさわられるなんて何年ぶりかしら。ほとんど忘れかけていた気持ちよさでした。

「おやおや、すごいシミが下着についとるよ。すごい汁気だな、ええ? こんなジジイにいじくられて、すっかり気分出しとるじゃないか」

「やだ、恥ずかしい。そんなにジロジロ見ちゃやぁん」

本能的に私は脚を閉じてしまいますが、その瞬間、中島さんは私のパンティをするりと剝ぎ取っちゃうんです。

「どれどれ、もっとよく見せてごらん、アンタのおま○こ。おお、こりゃすごい！　とろとろの洪水じゃないか」

中島さんたら、私のアソコを指で広げて、奥のほうまでのぞき込むんです。もう手がつけられないほどおつゆが溢れちゃってるのが自分でもわかります。そのうえ、アツくて、ウズウズしてて、もう自分でもどうしようもなくて……。

「はあ……だって、中島さんがエッチなんだもの……やだ、どうしよう……」

「こうしてほしいんだろ？　んん？」

中島さんは自分の指を三本、べろりと舐めてから、私の中に差し入れてきます。女性の内側のいちばん敏感なところを、中島さんのゴツゴツした指が遠慮なく刺激して、私はたちまち快楽のとりこです。

「あっあーっ！　そんなとこ、ほじっちゃだめぇ！　あーっ、イイーっ！」

「ほれ、ここか？　ここがツボだろう？」

中島さんが指を乱暴に出し入れするたびに、ぐちゅぐちゅ、ぐちゅぐちゅと我ながらあきれるほど恥知らずな音が、私のお股から響きます。

「あはぁーっ、そうっ。そこっ、そこですっ！　ひぃーんっ、気持ちいいっ！」

ものすごい快感が、子宮の奥からどんどん湧き上がってきちゃいます。

あっという間に全身がしびれて、頭の芯がカーッてなって……。

「あひぃっ！　あひぃっ！　んひぃーっ、イクゥーッ！」

お尻をぷるぷるふるわせて、私、たちまちイカされちゃいました。アソコの力が抜けて、おしっこの穴から透明な液がぴゅぴゅっと噴き出すのがわかりました。

「おうおう、すごい潮吹きだ。ドスケベなおま○こだね、ウヒヒ……」

ああ、どうしよう。私ったら、こんな変態おじいちゃんにイカされちゃった。

しかも、ムードのかけらもない、こんな薄汚れた四畳半で……。

でも、ひさしぶりのこの感覚、とってもよかったんです。

なんだかまた、オンナにしてもらったみたいな。

中島さんたら、それだけでは飽き足らず、今度はぐしょぐしょになった私のアソコに顔を突っ込んで、ねぶり回すんです。

「おお、やっぱりこれくらい熟したオンナのイキ汁がいちばん味がええ。こりゃこたえられん」

内腿から、ビラビラの中、外から、クリちゃんまで、中島さんのいやらしいベロが私の感じるところを這い回ります。

ただでさえイッたばかりで敏感になっているアソコをそんなふうに刺激されて、私、すぐにまたアヘアヘになっちゃいます。

「あっ、あっ、だめーっ。ねぶっちゃだめだってば……いま、すっごく感じやすくなってるからっ。ま、またすぐイッちゃう！　んひぃっ！」

私が悶絶《もんぜつ》するのもかまわず、中島さん、私のワレメちゃんを、べろべろ、ちゅうちゅうするのをやめません。

あっという間に快感の波がどっと高まってきて、私、また腰がびくびくびくってなって……、

「あはぁーっ、もういやっ！　イクゥーッ！」

って声をあげて、たちまち二度目のアクメに達しちゃいました。

やだもう、ただのＡＶマニアのおじいちゃんだと思ってたら、中島さんがこんなテクニシャンだったなんて。そのころには私もう、ただうっとりしていました。

私がぐったりしていると、中島さん、ズボンの中から自分のものを引っぱり出して、私の前に突きつけるんです。

「あん」ナマのペニスをこうして間近に見るのもほんとに十年以上ぶりかも。中島さんのそこは、ぶりっと肉太で、青筋が走ってて、ちょっと驚くくらいの迫力がありました。まだ柔らかい状態でしたが、それでもドキドキするくらいおっきいんです。

「自分ばっかりヨガってないで、こっちもかわいがってくれよ、な？　なかなかの逸物だろう？」

言われるままに体を起こして、私は中島さんのそれをそっと両手で握り、そろそろと顔を近づけます。

いつからお風呂に入ってないのかしら？　ムッとするオスのにおいが鼻をつきます。でも、それがちっとも不快じゃなくて……むしろゾクっするくらいそそるにおいなんです。こんなお年だと、もうコッチの能力は枯れちゃってるんじゃないかしら、なんて思い込んでたんですけど、このなまなましい臭気は、完全に現役のオスのものでした。

中島さんは布団にごろんと横になると、大きく脚を広げて私に言いました。

「口でしてくれよ、な？　ほれ、まずはキンタマからぺろぺろしてくれ」

「こ、こうかな？」

私は中島さんの股間に顔を入れ、タマタマを優しくお口でマッサージします。

男性って、お年をとるほどタマタマ袋がだらんとしてくるって聞いてたんですけど、ほんとなんですね。覚えてる限りウチのダンナと較べても、ほんとにだらっと垂れてるんです。

私、失礼してそれをちゅるっとお口に含んでみます。あまり経験のない、独特の食感です。

それでもフクロに舌を巻きつけてはむはむしてあげると、中島さん、すごく気持ちよさそうな声を出してくれるんです。

「おほっ、いいぞ。こりゃたまらんわ。もっとしゃぶってくれ。サオにも力がみなぎってくるわ」

その言葉どおり、柔らかかった中島さんの大きなモノが、私の目の前でみるみる硬くなっていきます。

「あ……すごい、おち○こ元気になってきた。カッチカチよ」

「あたりまえだ。六十越えても毎日センズリは欠かさんからな」

青筋立ててビンとそそり立った男性自身を、うっとりと見上げた私は、その根元から舌を当てて、じわじわとギン勃《だ》ちになったモノを舐め上げていきました。お口にまた濃密な男性の香りと味が広がって、私もお股の奥が勝手にキュンと反応しちゃいます。

先っぽは、ガマン汁でもうテッカテカです。私はそれをゆっくりと頬張らせてもらいます。

あ……ほんとにギンギンだわ。お口の中が、硬い坊主頭でいっぱいになってる。ううんっ、おいしい。思わず舌と唇を思いきり動かして、ちゅっちゅとおしゃぶりしちゃう。

そうすると中島さんのムスコさん、ますますギンギンにいきり立つんです。

「どうだい？　アンタ。この逞しい逸物、下の口に欲しいんじゃないか？　え？」

私は、ソレを口に含んだままうなずきます。

欲しい……この硬くて大きいおち◯こ、ぶっすりおま◯こにぶち込んでほしくてたまらない。

「うん、入れたい……ちょうだい」

「だったら、アンタ上になって、自分で入れてみい」

女性上位、あんまり経験ありませんでしたけど、そのときの私はすっかり発情してて、一秒でも早く合体したくなっちゃってて。

私は中島さんのソコを握ると、いそいそとその上に跨ります。

そしてそのボッキちゃんの上に、腰を落としていきます。

ずぶずぶってバナナみたいにそったアレが、私の中に入ってきます。

ああ、太い。それに青年のモノみたいに硬い。

貫かれるこの感覚、ほんとに最高です。こんな気持ちいいこと、どうして何年もしないでガマンできていたのか、自分でも不思議なくらいです。

「あーっ、いいっ！　どんどん入ってきて……おお……当たるぅ……くうう」

さらにお尻を全部落として、アレを根元まで咥え込みます。ああん、先っぽが、アソコの奥のすごく感じる箇所をツンツンして、もうそれだけでイキそう。

中島さんも感じてくれてるみたいです。満足げな表情で、うめくように言います。

「うーん、アンタ、すばらしいシマリだな。きつきつにナニを締めつけてくるわ。こりゃ極楽だ。ほれ、ハァハァ言ってないで動いてくれよ」

「う、うん……こう?」

膝に力を込めて、私、お尻を上下前後にずりずりします。

頭の奥がしびれるみたいな快感でした。

「あぁーっ、気持ちいいっ! 中で、中でぐりぐりって! やだ、どうしよう……」

中島さんの体の上にしゃがんだはしたない姿勢のまま、私は首をのけぞらせ、オッパイをゆさゆささせてピストンしちゃいます。

「あうっ! あうっ! いいのっ! おま○こ気持ちいいっ!」

「おお、すごい腰づかいじゃないか。アンタ、思った以上の淫乱だな」

自分も息を荒くしながら、中島さんが言います。

「だ、だって……ハァ……中島さんの、ゴリゴリしてて……おま○この奥が……

ああ……動くの、止まんない。ねえ、オッパイも、オッパイもいじって」

私は中島さんの手をとって、ぷりぷりと弾む乳房を握らせます。

中島さんの両手が、硬くなった乳首をつねると、快感がさらに倍増です。

「あひぃーんっ、それいいわっ。ああ、ああ、ねえ、またイッちゃう！　このおち○こでイッていい？　イッていい？」

「ああ、いいとも。好きなだけイクといい」

私は頂点に向かって、狂ったようにお尻を振り立てました。

中島さんのこわばりが私のワレメの中でさらに突っ張って、粘膜のコスれ合う刺激で頭がどうかなりそうでした。

「あーっ、イクわぁーっ！　おま○こいいっ！　おま○こイクぅーっ！」

私は髪を振り乱し、最後の叫び声をあげました。

ほんとうにいつぶりかしら、思い出せないくらいのセックスでのアクメに、私は一瞬ですが、全身が硬直し、意識が飛んでしまいました。

それと同時に、中島さんもアソコの自制を解《と》きました。

「おおっ、おれも……うぐっ！」

肉太のアレから、熱い精子がドクンと溢れ出て、私の奥に流れ込むのがわかりました。

ああ、中に、あったかいのがいっぱい。

「おお……うう……最高……中島さんのおち〇こ最高……」

私はぐたっと中島さんの体に倒れ込み、とろんとなってしまいます。

「アンタもなかなかの名器だったよ。どうだ、年寄りとバカにしたもんじゃなかったろう？　んん？」

自慢げな中島さんに、私はお掃除フェラでお礼をします。

愛液と精液でトロトロになったモノをお口できれいにしてあげると、ぐんにゃりしはじめたソレは、ちょっとずつまた硬くなってきたみたいです。

「もちろん、バカになんかしないわ。それより、二回戦目、ね？」

それ以来、私は中島さんのとりこでした。

パートの仕事もそこそこに、中島さんのアパートに通う日々でした。

私は、中島さんの要求にはどんなことでも応じるようになりました。彼がＡＶ

で仕入れたちょっとアブノーマルなプレイ、たとえば緊縛だったり、ソープランドごっこだったり、野外露出だったり、ときには浣腸《かんちょう》プレイにだって喜んで挑戦しました。

その日々は、中島さんにとっても私にとっても、第二の青春がやってきたみたいなものでした。

いいえ、十代、二十代のころよりも、充実したセックスライフだったかもしれません。それくらい野放図《のほうず》に、私たちはただ快楽のためだけの生活を楽しんだんです。

それもこれも、レンタルビデオ店の風景といっしょに思い出される、なつかしくて恥ずかしい過去の記憶です。

上司の奥さんからの挑発に乗せられた私
背徳の交わりに溺れながら熱い精を放ち

影山秀平　会社員・二十七歳

都内の片田舎の安アパートに住んでいます。

隣にマンションがあり、そこに会社の先輩の溝口《みぞぐち》係長がご夫婦で住んでいました。建物が違っても、ドア・トゥ・ドアで行き来には数分とかかりません。

溝口係長は有能で怖い人という評価でしたが、優しくて甘いのをとがった口調で隠しているだけの、男のツンデレだとすぐにわかりました。

私は溝口係長にかわいがられ、すぐ近くなのでよく家にもお食事に呼ばれたりしていました。

その溝口係長の奥さんと、あろうことか過《あやま》ちを犯してしまったのです。

こわもてを気どっているだけの係長と違い、奥さんの靖子《やすこ》さんはあけっぴろげな天然で、最初に係長に紹介されたときからテンションが高く、むやみとボディタッチの多い女性でした。

係長と同じ三十歳とのことでしたが、私よりも三つも上とは思えないぐらいでした。子どもは計画的にまだつくらないとのこと。

小柄なショートカットの女性で、笑顔慣れしたかわいらしい女性です。

「いらっしゃい、影山《かげやま》さん！　さあ、入って」

お食事に呼ばれたときなど、お邪魔します、と頭を下げる私に近づき、腕をとって奥に導くのです。

家の中なので靖子さんもラフな格好が多く、一度などパンチラを見てしまいました。私を弟分かなにかと思っているらしく、すきがありすぎると感じていました。係長はたいていお酒でほんのりと顔を赤め、気にするそぶりもありません。

私を呼ぶとき、最初のころを除いては、ゲストを呼ぶようなていねいな掃除をする様子もありませんでした。雨の日に呼ばれたときは、洗濯物（係長や靖子さんの下着まで）が室内干しにしてあるのです。

係長の大きなブリーフはともかく、奥さんのパンティまで堂々と干してあるので、驚きを通り越えて、少しあきれたのを覚えています。

「影山、すまんが今日帰るとき、うちに寄って女房にこれを渡してくれないか」

あるとき、溝口係長に言われ、書類を渡されました。疑問符が浮かんだ私の顔に、係長はバツが悪そうに答えました。

「女房のテニスサークルの申込書なんだ。今朝仕事に来る途中に用紙をもらってきた……というのは建前でな。今夜俺は取引先の接待で遅くなる。お前が寄って話し相手をしてくれれば、少しでも機嫌が悪くなるのを抑えられるんだ」

まんま、私情で部下を使うというわけですが、尊敬していた先輩のこと、私は快《こころよ》く引き受けました。その日も雨模様の鬱陶《うっとう》しい天気でした。

「いらっしゃい、影山さん。ごめんなさいね。おつかい小僧させちゃって」

仕事を終え、先輩宅によると、いつものようにパタパタと靖子さんが玄関まで小走りに来てくれました。

風呂上がりなのか、靖子さんからは清潔な湿気とボディソープの香りがただよっていました。

「どうぞ、上がって」

受け取った書類を玄関のシューズボックスにポイと置くと、靖子さんは両手で私の腕を握ってきました。

玄関でお暇《いとま》しようと思っていましたが、話し相手になれという命令もあったので、導かれるまま奥に入っていきました。

「お茶を淹《い》れるわ。ちょっと待っててね」

雨模様を見ようと、ベランダのガラスサッシの近くに行くと、やはり洗濯物が吊ってありました。

なぜか溝口係長のものはなく、奥さんのパンティやブラジャー、ソックスだけがこれ見よがしに吊ってあったのです。

白やレモン色のエレガントな意匠《いしょう》のある、三十歳の人妻らしいものでした。

そんなものをじっと見つめるのも怪しくて不自然です。

目をそらして雨空のガラスの向こうを見ていました。

すぐ隣に靖子さんがいて驚きました。

「雨はイヤよね。気分が沈んじゃう」

うふふ、と逆にうれしそうに言いました。靖子さんは腕と肩がふれるほど近くにいました。半歩遠ざかると、また距離を詰めてくるのです。

「あの、野暮《やぼ》を承知で言いますが、家族以外の人が来るときに、あまりこんなものを吊っておくのはやめたほうが……」

そちらは見ずに、下着を吊るしている小物ハンガーを指差して言いました。

「んふ、どれがお好み？」

そう言って、私の腕をギュッとつかんできたのです。

驚いてまともに靖子さんを見つめると、至近距離で見上げる格好の靖子さんも、薄笑みを浮かべてじっと私を見つめていました、冗談を言っているふうではありませんでした。

「えっと……ぼくはシンプルな白が好きなんで、これですね」

私は白い化繊《かせん》のパンティを指差しました。

すぐ隣の靖子さんとともに、吊るしてあるパンティをまともに見つめました。

悪ふざけにどこまでつきあっていいのか迷いながら、私は口にしました。

「ぼく、一度、奥さんのパンチラを見ちゃったんです」

カミングアウトすると、奥さんは斜め上の返答をしてきました。

「一度だけ？　何度か機会を与えてあげたのに」

イタズラを仕組む子どものような口調でした。甘い吐息が顔にかかってきて、だんだん私は呼吸が荒くなっていました。

「その、ぼくが見ちゃったのが、たぶんこのパンティです」

以前、ここに来たとき、私が部長にいじられるのを笑いながら、靖子さんは床に座って洗濯物を畳んでいました。

女座りでしたが、膝の向きを左右かえようと、揃えた膝を大きく立てたときに見えたのです。逆三角ではなく、パンティのお股の部分がこんもりとふくらんでいたのを目が覚えていました。

「んふふ、恥ずかしいわ」

靖子さんは私を見上げたまま、そっと私の手をとりました。そうして、なんと、私の手をスカート越しの自分のお尻に導いたのです。

「……奥さん、これはちょっとやりすぎですよ」

私の声は情けなく震えていました。指のいくつかがスカートにふれていましたが、わしづかみにする勇気はありませんでした。

「んふ、ほら」

靖子さんは両手を後ろに回し、私の手の甲を押しつけました。私の手のひらはスカート越しのお尻にぺたりとつきました。

かわいい奥さんに下心がなかったわけではありませんでしたが、恐い部長のこともあり、自慰のおかずにしたのはパンチラを見たときだけでした。それでも翌日、溝口係長に申しわけなく思ったほどです。

靖子さんの手が離れても、私はお尻から手を離しませんでした。

「ビクビクさわるのね。電車で痴漢されてるみたい」

「……溝口係長は、もっとワイルドにもみくちゃですか？」

私が言うと、いつも笑顔の靖子さんがちょっと表情を曇らせ、視線を斜め下に落としました。

「……最近、そんなことしてくれないわ。お仕事が忙しくて」

おそるおそる、実におそるおそる、私は靖子さんのお尻をもみました。

「勇気あるじゃない。小心者の痴漢さん」

満足げな顔は赤らんでいました。

背後でテーブルに置いたスマホが鳴り、私は飛び上がらんばかりに驚きました。溝口係長でした。

そんなはずはないのに、どこかで見られていて強く責められるのかと思い、心臓がバクバクしました。

『おう、影山。いまウチか？　すまんな』

「いえ、部長、いま奥さんにお茶を呼ばれていたところです」

スマホをスピーカーモードにして、奥さんにも聞こえるようにしました。

靖子さんが私の手をとり、今度は胸に導きました。

薄いセーター越しに、私は手のひらをいっぱいに広げて、そっと乳房を包みました。そこまで感じるはずはないのに、靖子さんは目を閉じて眉根を寄せ、顎を出しました。

『俺がいなくて、お前と女房だけで共通の話題なんてあるのか？』

「あるじゃない。あなたの悪口」

靖子さんがスマホに身を乗り出したとき、私は再び靖子さんのお尻に手を当てました。今度はかなり強引にスカート越しのお尻をわしづかみにしました。

両方のお尻をもみ、手のひらを股間の奥にスカートごとすべり込ませました。

係長は電話の向こうで笑い声をあげました。

『影山、いつまでもバカ話につきあわなくていいから、適当に切り上げて帰ってくれ』

「心配しなくていいわよ。わたしが飽きたら放り出すから」

『すまん、俺はもう少し遅くなる。先に寝ててくれ』

電話が切れると、私は緊張の糸が切れたように深く息をつきました。

靖子さんと向き合うと、私たちは強く抱き合い、互いの背中を激しくまさぐりました。

「ああ、溝口係長をこんなふうに裏切るなんて」

強い罪悪感がありましたが、同時に経験のない高揚感も覚えました。

息のかかる近さで目があうと、私たちは唇を重ねました。

係長専用の唇を奪っている。そんな罪の意識は、そのまま昂《たかぶ》りに変わっていました。

唇を離すと、靖子さんは満足そうに顔をほてらせていました。

私自身は、降ってわいたような幸運に頭がクラクラしていました。

んふふ、と笑いながら、靖子さんは目の前で服を脱いでいきました。

私は童貞少年のように、オロオロと見ているだけでした。

風呂上がりなのでストッキングははいておらず、スカートを落とすと、パンティが現れました。オレンジの化繊のエレガントなレースの施《ほどこ》されたものです。

「それ、この前ぼくが来たとき、吊るしてありましたね」

「んふ、よく見てるじゃない」

ブラジャーもオレンジで、お揃いなのだとわかりました。

バックストラップをはずすとカップが前に倒れ、プルンとした小ぶりで形のいいおっぱいが現れました。

「さあ、ぼんやり見てないで、影山さんも脱いだら?」

言われて、大あわてで服を脱ぎました。ほんとうに童貞少年のようだったでしょう。

全裸になると、非日常感はますます大きくなりました。ここは上司の家、という意識が頭を去ることはありませんでした。

「こっちよ」

私の浅ましい勃起ペニスに笑いながら一瞥《いちべつ》をくれると、靖子さんはお尻を振りながら背を向けて歩きました。私はただついていくだけでした。

六畳の畳の間に、布団が二つ敷いてありました。

「わたしはベッドがよかったんだけど、うちの人がどうしてもこっちのほうがいいって言うのよ」

ひと言愚痴《ぐち》を言ってから、靖子さんは掛け布団をめくって横になりました。

私も隣にお邪魔しました。

「あら、隣のお布団じゃないの?」

「係長のにおいのある布団に、裸で入れませんよ……」

からかうような口調の靖子さんに、私は几帳面《きちょうめん》に答えていました。

掛け布団を二人の上にかけると、むさぼるように互いを抱き締めました。

「あああ、係長の奥さんと、こんなことをしてるなんて……!」

感極まって出た自分の言葉で、不倫をしていることを強く実感しました。

「ウチの人、よく影山さんの話をするの。かわいくていいおもちゃだって言ってたわ」

係長の言いそうなセリフだと思いました。

「だから、あなたはわたしにとってもおもちゃなの」

危険で甘美な考えに、身も心もとろけそうでした。

「ぼくは奥さんのおもちゃです。好きなようにしてください」

小ぶりでかわいい乳房を舐めほじりました。

「ああっ、あああ……ウチの人より、ていねいで優しいわ……」

係長に負けるもんかと意地になっていました。

体をずるずると下げ、オレンジのパンティを脱がせていきました。

こんなことをしていいのは係長だけなのに、と思うと背筋に寒気が走りました。

白い太腿をゆっくりと開かせました。薄めの恥毛の向こうに、濃ピンクの陰唇がいやらしく光っていました。

「ああ、恥ずかしい……」

「どうして恥ずかしいんです？　誘惑したのは奥さんなのに」

性器を見つめながら、疑問を口にしました。

「ウチの人以外の男の人に見られるの、五年ぶりだから……」

妙に燃える言葉でした。性器をぺろりと舐め上げると、

「ああんっ」

と、配偶者以外に聞かせてはいけない声を洩らしました。

体を前に戻し、まっすぐ下に靖子さんを見おろしました。

「……入れても、いいですか？」

「んふふ、ウチの人は、いちいち断ったりしないわよ」

不倫セックスの最中、裏切っている配偶者のことを口にするものだろうかと思ったのを覚えています。

「んんっ！　ああああっ！」

挿入を開始すると、靖子さんは強く目を閉じ、顎を出しました。

そしてその表情のまま、口の端だけを上げて笑ったのです。

「ああ……ウチの人のじゃないのが、アソコの感覚でわかる……」

挿入が完了すると、靖子さんはまた、顎をクンッと出しました。

「すみません、係長の大切な人と……結ばれてしまいました」

「……気にしないの。あなたはわたしに遊ばれてるだけなんだから」

係長の声といつもセットで聞いている靖子さんの声が、こんな近くで聞こえるのが不思議でたまりませんでした。

「さあ、さあ……わたしをいい気持ちにさせなさい。溝口係長夫人の命令よ」

「かしこまりました、奥様……」

私も精いっぱい茶番に合わせ、ゆっくりと腰を引いていきました。

「ああっ、あああっ……いいっ、影山さん、いいわっ！　あああっ！」

出し入れを始めると、靖子さんは切ない声を洩らし、私にしがみついてきました。私も靖子さんの裸体をがっちり抱き、下半身だけを猿のように前後させていました。唇を重ねると、舌を吸い取られるかと思うぐらい強く吸われました。

「奥さん、次は、後ろから……」

「えっ？」

ペニスを抜くと、靖子さんの腰を両手にとり、くるりとひっくり返しました。

「あんっ！　あは、ウチの人より手際がいいわ」

うつ伏せにさせた靖子さんの腰をとると、お尻を高く上げさせました。

「奥さんの肛門、美しい……」

縦長の集中線を見つめ、私はつぶやいていました。

「あん、そんなところ、ほめないで……」

後ろに手を回して隠そうとする仕草が、かわいらしく見えました。

「では、失礼します」

係長に言う言葉そのままのトーンで、私はバックから靖子さんの性器にペニスを突き刺しました。

逆さ向きのハートのような白いお尻を両手でがっちりつかみながら、私は歯を食いしばってピストンを始めました。

「ああああっ！　これ、いいっ。すごく……いいわっ！」

どこの家にも独特のにおいがあるものです。リラックスしながらも緊張の伴う係長の家のにおいが、常に私の鼻をくすぐっていました。

よその家で裸になり、上司の奥さんを突き刺している現実を頭が受け入れられず、私は気を失いそうな陶酔感に包まれていました。

強い非日常感による興奮のためか、あっというまに射精の予感が走りました。

それこそ自慰の数分の一ほどの時間だったでしょう。

「おっ……奥さん、出ますっ！」

射精の宣言を敬語で言ったのも初めてです。

「ああっ、たくさん出すのよっ、影山さんっ、これは、命令なんだからっ！」

横顔をシーツに押しつけ、靖子さんも絶叫していました。

白いお尻を打ち据えるような強いピストンをしながら、私は靖子さんに精液を放っていました。

「ああっ！　奥さんっ、奥さんっ！　あああっ！」

「奥さん」を連呼している自分自身の声で、不倫を強く意識しました。

ゆっくりペニスを引き抜くと、靖子さんの隣にどさりと体を横たえました。

「……すごいことを、してしまいました」

靖子さんは赤らんだ顔に笑みを浮かべ、私にしがみついてきました。

「んふふ、お墓まで持っていく二人だけの秘密ね」

ロマンチックなのか古くさいのかよくわからない言葉を、うっとりとつぶやいていました。

「ねえ、せっかくのすてきな秘密、これで終わりじゃもったいなくない？」

よく知っているいたずらっぽい笑みで、そんなことを言うのです。

罪悪感とうれしさが半々でしたが、「そうですね」と私は答えていました。

「とりあえず、お風呂に入りましょうか？　それから第二幕」

「え、係長が帰ってくるんじゃ……」

まさに間男のセリフでした。

「大丈夫。遅くなるって言ってたでしょ。きっと午前様よ。食事もどこかですませてくるのよ。それから着がえもそこそこにバタンキュー。いつもよ。まだまだ帰ってきやしないわ」

やや言葉に棘《とげ》がありました。

緊張しながら浴室で二回目に及び、そして布団で三回戦。

あれから二カ月、アドレスも交換して、いままでに十回、靖子さんと不倫セックスしています。係長への罪悪感が薄くなっている自分にとまどってもいます。

最近では、私の家でひと晩楽しめないか、デートしてラブホテルを使わないか、と靖子さんと相談しています。

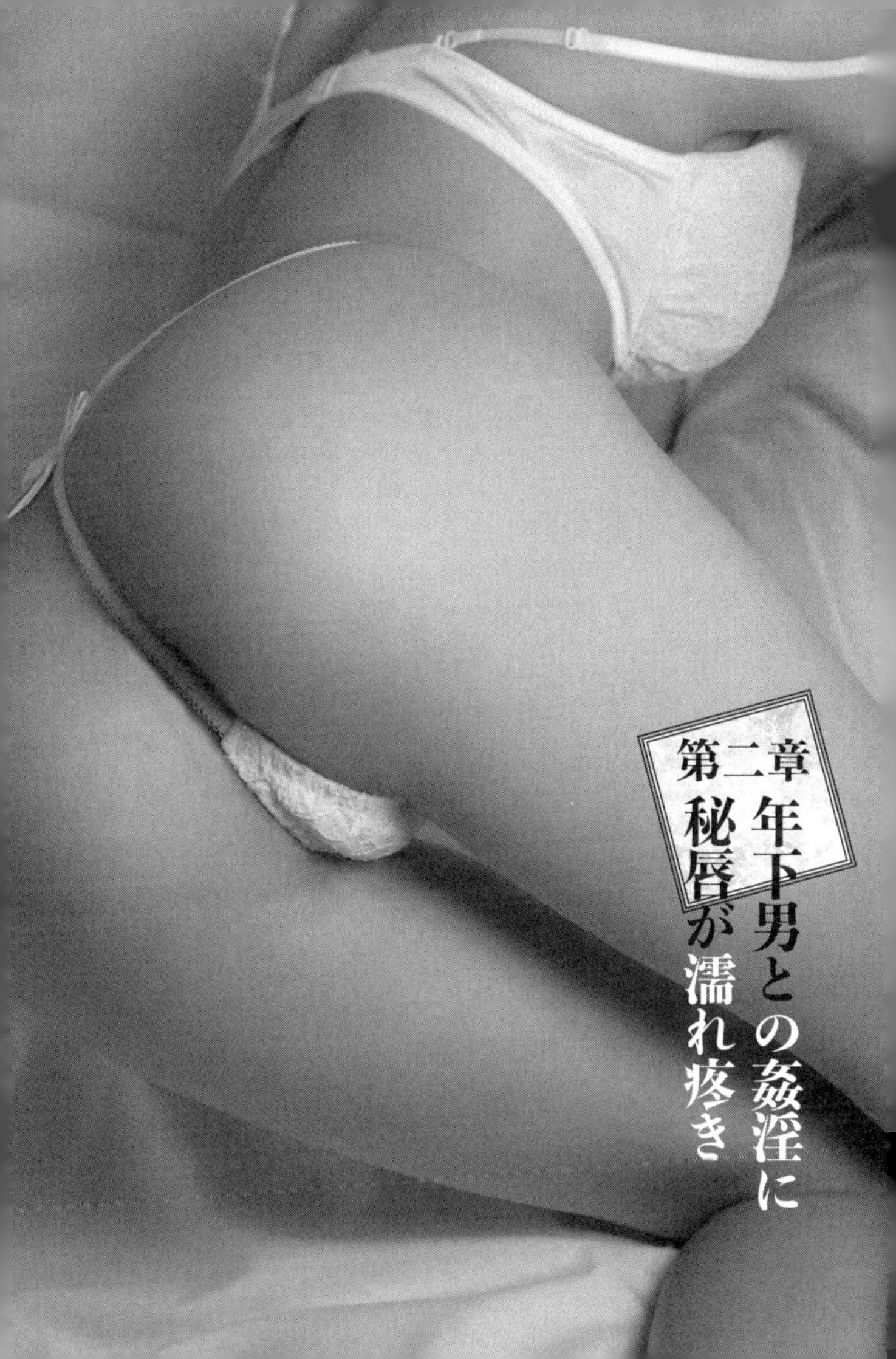

第二章　年下男との姦淫に秘唇が濡れ疼き

弁当屋の常連でお気に入りイケメン青年酔いにまかせて昂る彼から迫られて……

安倍美香子　パート主婦・四十七歳

娘たちも手を離れ、一年前から近所の弁当屋でパートとして働いています。専業主婦が長かったので最初こそとまどいましたが、いまはだんだんと仕事を楽しむ余裕も出てきました。

近所なので顔見知りも来ましたが、見知らぬ人たちとのコミュニケーションが新鮮でした。

常連さんの顔を覚えると、二言三言会話を交わすことも多くなりました。

人手不足のために、遅番で働くことも増えたのですが、夜になるほど比較的若い単身者風のお客さんが目立ちます。

そんな中で真っ先に目にとまったのが二十代の圭太《けいた》くんでした。

背が高くてひょろっとした感じのイケメンです。

週に二日は仕事帰りに来店し、毎回同じものを注文するのです。

背が高いのに痩せているから、同じものばかりで栄養が足りていないんじゃないかしら、なんて勝手に心配したりもしました。

それでこっそり、彼の好きそうな惣菜をおまけに入れてあげるようになったのです。

彼もそれに気づきはじめた様子で、しだいに心を開いてくれたのです。

「今日はずい分遅いのね。残業だったの？」

なんて声をかけると、うなずきながら微笑み返してくれるようになりました。

それから少しずつ会話が増えていき、ヒマな時間には故郷の話をしてくれることもありました。

上京して間もないことがわかると、またお節介なことを口走っていました。

「私はこの町が長いから、わからないことがあったらなんでも聞いてね」

彼はうれしそうにはにかんで「お願いします」なんて言ってくれました。

それを見ていた同僚のパートさんが、「あの人私には不愛想《ぶあいそう》なの」なんて焼きもちを焼いていたのでさらにいい気分になり、日に日に彼の来店を楽しみにするようになっていきました。

ときおりワイシャツの襟元が汚れていたりすると気になって、こんなにかわいい息子がいたらいっぱい面倒を見てあげるのに、なんて思うこともありました。

あの日は、いつもなら彼が来る曜日なのに、顔が見られなくて少し残念な気分で遅番の仕事を終えました。

弁当屋から家までは、徒歩で十五分くらいです。遅番の日は家族もそれぞれ食事をしておいてくれるので逆に時間に追われることがなく、のんびり春の夜風を浴びながら帰路につきました。

しばらく住宅街を歩いていると、道端にうずくまっている人がいました。不審者？　酔っ払い？　などといぶかしみながら通り過ぎようとしたとき、それが圭太くんであることに気づいたのです。

「ちょっと、こんなところでどうしたの？」

思わず歩み寄りました。その路地の少し先を曲がったところに我が家があるのです。

彼は青白い顔で私の顔を見上げました。

「送別会で、先輩にたくさん飲まされちゃって。ぼく、酒は弱いんです」

私は彼の背中をなでてから、肩を貸してなんとか立ち上がらせました。足元はフラフラで、ズボンには泥汚れがついていました。

「しょうがないわねえ、送って行くわ。家はどこなの?」

そんな状況にもかかわらず、初めて彼と体を接近させたことが、うれしくて仕方ありませんでした。

聞きながらゆっくり歩いていくと、到着した彼のアパートが、あまりにも我が家と近いことに驚きました。家のバルコニーからでも屋根だけなら見えそうな距離です。

特に悪いことをしているわけでもないのに、近所の人とすれ違わないかとドキドキしながら、彼の体に顔を隠してアパートの階段を上がりました。

純粋な人助けとは違う、やましい気持ちがどこかにあったのです。

「ご近所さんだったのね。さぁ鍵を出して。寒いから早く中に入りましょ」

部屋の鍵を開けてもらって、大急ぎで中に入りました。

彼は部屋に入るなり、ベッドの上にドサッと倒れ込みました。それを見届けて立ち去るべきだったのかもしれません。

けれど、せっかく彼と急接近できたのに、そのまま帰るのは惜しいような気がしました。

水を飲ませ、しばらく様子を見ながらベッドのふちに腰かけていました。狭いワンルームには衣類などが散乱していて、そこしか居場所がなかったのです。

彼が薄目を開けて「すみません」と、申しわけなさそうに言いました。

「遅くなったら、家の人が心配しませんか？」

のぞき込んだ私の顔をじっと見つめてきたので、ドキッとしました。

「大丈夫よ。ほんとうにすぐそこだもの、時間はかからないわ」

よその男性と密室で二人きりになるなんて結婚してから初めてのことです。お気に入りの彼とそんな状況にあることだけでも、胸がときめいてソワソワしてしまいました。

せっかくの機会なので、いつも想像していたように、彼の世話をしてみようかなんて思いつきました。

「ほらほら。ちゃんと着がえないと風邪ひくわよ。まだ夜は冷えるんだから」

ネクタイをゆるめてあげるとワイシャツがはだけて、思いのほか逞しい胸板が見えました。それを見た瞬間、あらためて異性であることを意識してしまったのです。胸が高鳴り、下腹部にはくすぐったいような疼きが走りました。

自分でも予想外の体の反応にとまどいました。

夫は年に数回求めてくるだけだったし、私も惰性で受け入れているようなものだったからです。

もう自分の性欲は枯れていく一方だと思っていました。

もしも彼とこのまま抱き合ったら、自分の体はどうなってしまうのだろう、久しぶりに激しく燃えてしまうかもしれない、などと妄想が頭を駆け巡りました。

そんなことを考えてしまう自分を恥ずかしく思い、それを隠すようにわざとお母さんみたいな口調で彼の着がえを手伝っていました。

「さぁ、汚れたズボンも脱がないと。シーツに泥んこがついちゃうじゃない」

そう言いながらベルトに手をかけたとき、ハッとして息を呑みました。

彼の股間が、もっこりとふくらんでいたのです。

彼は酔っているし、私はこんなおばさんです。そんな反応を見せてくれるなんて、思ってもいませんでした。

見ると、彼はギュッと目をつぶっていました。青白かった顔には血の気が戻り、照れているように頬をピンク色に染めていたのです。

私も動揺していましたが、そのまま何ごともなかったようにベルトをはずし、ズボンを脱がせていったのです。

現れたトランクスは、硬くなったものの形をくっきりと浮かび上がらせていました。

「まぁ、こんなに大きくなっちゃって。気にしなくていいのよ、若い証拠ね」

動揺を隠すためにわざとおおざっぱにふるまっていましたが、顔がにやけてしまうほどうれしくて、そっと手を伸ばしていました。

その部分を指先でなでると、彼の下半身がビクン！　と跳ねました。

「ああ、奥さんの手、あったかい」

彼がぽつりとつぶやき、その言葉に体じゅうがほてりました。

「奥さん」なんて呼ばれたことで、あらためて至近距離にある我が家を思い浮かべていたのです。すぐそこに、何も知らずに帰りを待つ夫がいるという現実に、なおさら興奮を覚えていました。

指先にふれた棒状のかたまりは、肉体の一部とは思えないほど硬く、そこだけ熱を帯《お》びていました。

「下着も汗ばんでいるわよ。シャワーに入らないならせめて着がえたら？」

どうしても、そのナマの姿を拝んでみたくなり、下着を脱ぐよう促《うなが》すと、彼が甘えたように言いました。

「うう、起き上がれない。奥さん、脱がせてください」

まったく、なんてため息をつきながら、トランクスを脱がせていきました。

バネのように飛び出してきた褐色の男性器は、先端からしずくをこぼしながら血管を浮かび上がらせて痛々しいほど張り詰めていたのです。

「あらま、すごく立派ね。えっと……新しいパンツはどこにあるの？」

しどろもどろに問いかけると、うるんだ瞳でこちらを見つめながら答えました。

「いや、まだはきたくないな。奥さん、少しだけさわってくれませんか？」

その言葉に生唾を飲み込んでいました。

「甘えん坊ね。じゃあ介抱のついでに、ここも面倒見ちゃおうかしら」

ドキドキしながら握り締めると、手のひらの中で勢いよくそり返りました。あまりの力強さに、初めて男性器にさわったときのような興奮を覚えたほどです。

夫も昔はそうだったのかもしれませんが、二十年以上も前の感触など忘れてしまうものです。

指先を上下に動かしながら、その幹の太さや硬さを味わっているだけで、股間が湿ってきてしまいました。

「うっ、奥さん！　そんなにいやらしくさわられたら、我慢できなくなりそう」

彼が、充血した目で私の体をまじまじと見つめてきました。

その視線が、自分のブラウスの胸元に注がれていることがわかると、疼きがさらに激しくなってしまいました。

「どうしたらいいのかしら。このままこすって出しちゃう？　それとも……」

彼の反応を見ながらたずねましたが、激しい勃起にふれているうちに、手で射精してしまうのがもったいないような気がしてきたのです。

硬いものを体の奥で味わってみたいという欲求がわいてきて、手の動きをゆるめていました。

ワレメの奥を目いっぱいに押し広げられて、こすられる感触を想像していると、アソコから愛液がトロトロと溢れてきました。

そのとき、脇に置いていたバッグの中のスマホが、メッセージの着信音を鳴らしました。

彼が一瞬気にする素振りを見せたので、私は片手に男性器を握り締めたまま、空いているほうの手でスマホを操作しました。

案の定、メッセージは、帰宅の遅れを心配する夫からのものでした。

「旦那さんが、すぐ近くにいるんですよね、大丈夫かな?」

「無視したらまずいけど、返信さえしておけば平気よ」

同僚とお茶をして帰ります、そう返信を打っている間に、彼の手がブラウスの胸元に伸びてきたのです。

「アッン、だめ、うまく打てないじゃないの、ちょっと待って」

まだ帰らないでと引き留めているかのようでした。

「遅くなるって返信したからもう大丈夫。時間はたっぷりあるわ」

それを聞いて安心したのか、胸元をまさぐっていた彼の手に力が入ってきました。服の上から乳房をもまれたのです。

「うわぁ、おっきいおっぱいですね。ハァ、ハァ、見せてください」

彼が息を荒くしながら、ボタンを引きちぎるように催促してきました。

「アハン、こんなに垂れたおっぱい見られるの、恥ずかしいわ」

ブラウスの前がはだけて、ブラに包まれた乳房が露になると、彼が下から抱きついてきました。ブラをもぎ取られてしまい、ボヨン！　と弾むように乳房がこぼれ出しました。

「すごい、乳首がこんなにふくらんでる！　いやらしいなあ」

いつになくとがってしまった乳房をべろべろ舐められているとき、また夫からの返信が入りました。

メッセージを開くと、「先に風呂に入って寝るよ」という、いつもどおりに淡白な夫からの返信がありました。その文字を追っている最中も、彼の舌が容赦《ようしゃ》なく乳首を責め立ててきたのです。

手の力が抜け、握っていたスマホがベッドの下にすべり落ちていきました。

「いやぁん、そこ弱いの、ンンッ、アッハン！」

汗ばんだ彼の手が体じゅうを這い回ってくると、無意識のうちに腰を揺らしていました。

荒々しい手つきでスカートをまくり上げられ、お尻が丸出しになっていました。

「お尻もすごいですね。むちむちじゃないですか。ああ、柔らかい」

下半身を這い回っていた彼の手が、ゆっくりとパンティの中に入ってきました。

指先が陰部のぬめりに到達すると、クチュクチュと湿った音がしました。

「ビッショリですね。旦那さんに、あんまり構ってもらってないんですか？」

私の興奮を知った彼は、しだいに余裕を見せはじめていました。

「そうね、もうこの年だもの。いやだわ、意地悪なこと聞かないで」

答えると、指先でアソコをまさぐりながら自信満々に見つめてきました。

「じゃ、いつものおまけのお礼に、今日はぼくがいっぱいさわってあげます」

恥ずかしいほど感じてしまって、年上の威厳など保てるはずもありません。

面倒を見てあげるなんて言ったのは私のほうなのに、いつの間にかすっかり彼に主導権を握られていました。

ジンジンと疼くクリトリスを、もてあそぶように指先で転がされました。

「ンンッ、アッ、アッ、フゥ〜ン！　待って、ああイイ、感じるぅ！」

ビリビリと電気が走るような快感を覚え、彼の頭を胸に抱きかかえながら喘いでいました。

「この大きな尻に顔面を埋めたいなあ。ぼくの顔を跨《また》いでみてくれませんか？」

彼がお尻をなで回しながら言いました。

夫とのときはいつもマグロですが、彼みたいな若いイケメンにねだられたら断れるはずもありません。

びっしょり濡れたパンティを、えいっと脱ぎ捨てました。

彼の顔を跨ぐと同時に、目の前に男性器が迫ってきました。

「わ、私もこれ、お口に入れていいのかしら？」

ほんとうはすぐにでもしゃぶりつきたかったのですが、飢えていると思われるのが恥ずかしかったのです。

「好きなだけ舐めてください。ぼく、熟女にフェラされてみたかったんです」

彼の言葉に勢いづいて、唇を寄せました。くっきりと張り出したカリ首を舌でチロチロ舐めながら、ゆっくり深く呑み込んでいったのです。

口の中いっぱいに押し込んだ男性器は、ドクドクと脈打ちながら喉元まで突き刺さってきました。

夢中で舐めていると、お返しと言わんばかりに、敏感なワレメの上を熱い舌が這い回ってきました。

「奥さんの穴、ヒクヒクしてますよ、早く入れてって催促されているみたい」

夢のような気持ちよさに襲われていました。夫にされるあたりまえのクンニとは、まるで違う感度になっていたのです。

仮に、相手が若いイケメンの彼でなくても、同じような興奮を覚え、腰を振っていたかもしれません。

家のすぐ近くで、夫以外の男の顔を跨ぎながら男性器にしゃぶりつくなんて、その日の朝には想像すらしていませんでした。

刺激に飢えた体が、脳が、悦びに震えていくのを止めることはできませんでした。枯れているどころか、愛液は泉のごとくわき出してしまいます。

「ハッア〜！　あうっ、そうよ、そうなの、ほんとうは早く入れてほしいのっ」

自分から、彼の唇にアソコを押し当てて催促していました。敏感になりすぎたワレメは、彼の唾液に溶かされてしまいそうなほど、自制心を失っていたのです。

入れてと言ったとたん、ベッドの上に、押し倒されました。

彼は、少し前まで起き上がれないなんて言っていたくせに、若い瞳をギラギラさせて、猛然と襲いかかってきたのです。

「いつも弁当屋で見る顔を眺めながら入れたい！　ほら、このスケベな目つき」

あおむけに寝かされて、顔をじっと見おろされていました。以前から彼を男として見ていたことを見抜かれていたようです。

「まさかこうして、ぼくの部屋で脚を広げてくれるなんてね。すごい格好」

ムチムチした太腿をがっちりとつかまれて、はしたないほど大きく股を広げられていました。

「どうします？　このままブチュッと入れますか？　ゴムもありますけど」

ふくらんだ亀頭をクリトリスに押しつけながら、彼が聞いてきました。

「アハン、そのまま入れて！　ナマの感触でゴリゴリこすられてみたい」

答え終わるより先に、ヌルッと、熱いかたまりが突き刺さってきました。

「おお、よく見える！　奥さんの穴、意外と狭いんですね！　気持ちいい」

彼は興奮気味に声を荒げ、さらに勢いよく腰を突き上げてきました。燃えたぎる刀で体がくり抜かれていくような、鋭い刺激が走りました。

高々と持ち上げられた膝が震えだし、股間に力が入っていくと、男性器はさらに穴の奥を押し広げながらめり込んできました。

「うお、どんどん締まってくる、ああ、やばい、出るっ！」

彼のピストンが加速すると、全身の贅肉が激しく波打ちました。タプンタプンと揺れる乳房をもまれながら貫かれているうちに、強烈なエクスタシーを迎え、頭の中が真っ白になっていったのです。

中に発射された濃厚な精液と、自分の愛液がドロドロに混じり合っていました。

帰宅して、夫の寝顔を確認すると、すぐにバルコニーに向かいました。彼のアパートの屋根が少しだけ見えました。いまもときどき、仕事帰りに寄っています。

社員旅行で飲みすぎ気が大きくなった私お局社員の唇を奪い、胸を揉みしだいて

津村倫太郎　嘱託・六十二歳

いまから三十五年ほど前、私の身に起きた出来事をぜひ聞いてください。

社員旅行で有名な観光地に訪れ、大きなホテルに泊まったときのこと。

私は宴会でベロベロに酔ってしまい、前後不覚というか、足元がふらついており、これはやばいなと思いました。

宴会のあとは女子の部屋で飲みなおそうという話になったのですが、少しインターバルを置こうと、温泉に入ってから合流すると同僚に伝えたんです。

私は汗を軽く流し、休憩所で涼んでから女子の部屋に向かい、扉を開けてズカズカと勝手に室内に入っていきました。

「遅れて、すみませぇん……あれ?」

ところが人の姿が見当たらず、小森《こもり》さんという三十代後半のお局様《つぼね》だけが広縁の籐椅子《とういす》に座って外の景色を眺めていました。

この女性は経理を担当しており、まじめでおとなしく、どうやら私に気があるらしいと、先輩によく言われたものでした。

「あ……す、すみません、ほかの人たちは？」

「地下にあるカラオケに行くって」

彼女は目を丸くして振り向き、すぐさま微笑を浮かべて答えました。

ゆっくり近づくと、甘い香りがただよってきて、胸の奥が疼いたのはまぎれもない事実です。

細い目、すっと通った鼻筋、薄くも厚くもない唇と、日本人形のような地味な顔立ちをしている女性なのですが、湯上がりのせいか、そのときはとても魅力的に見えました。

「あ、そ、そうですか……いつ出たんですか？」

「十分ほど前だったかしら。あなたが来たら、伝えてくれって言われたの」

「小森さんは……行かないんですか？」

「私はちょっと、ああいうにぎやかな場所は……」

「どうせなら、いっしょに行きましょうよ」

「うーん……やっぱり遠慮しとくわ」

話をしている最中、浴衣の衿元からかすかにのぞく胸の谷間を目にした瞬間、牡の血が逆流しました。

ほっそりした体形なのに、胸はやたらとボリュームがあり、生白いふくらみと丸みを帯びたラインが目をスパークさせました。

私に気があるなんて、単にからかわれていただけなのに、そのときの私は本気にしてしまい、狂おしい気持ちを抑えられなくなったんです。

「あの……」

「え、何?」

試しに顔を近づけてみると、小森さんは身を引き、目元を赤らめました。

その様子から、これはいけるのではないか、やはり、自分に気があるのではないかと完全に思い込んでしまったんです。

「……あ」

唇をそっと寄せたところ、熟女はちょっとびっくりした顔をし、口を両手で押さえました。

「だめですか？」

「ど、どういうこと？　……ンっ！」

手を強引に振り払い、唇を重ねると、華奢《きゃしゃ》な肩が小さく震えました。

身はガチガチにこわばっていましたが、またたく間に力が抜け、こちらの心の内を察してくれたと思ったんです。

いくらまじめで地味でも、三十代後半なら処女のわけがない。

これまでは年下の異性との経験しかなかったので、熟女への興味もあったのかもしれません。

「ン……ふっ！」

浴衣の衿から手をすべりこませ、乳首をクリクリ転がすと、彼女は小さく喘ぎ、熱い吐息を洩らしました。

唇が開いたところで、これ幸いと舌をもぐり込ませ、引き締まった歯茎やなめらかな歯をたどり、果実にも似た甘い香りを胸いっぱいに吸い込みました。

続いて舌を絡ませ、唾液をジュッジュッとすすり上げたんです。

目をうっすら開けて様子を探ると、彼女はうっとりし、頬を真っ赤に染めているではありませんか。

「ン、ン、ンっ」

私はこの時点で、熟女との甘いひとときを確信し、浴衣の下のペニスは早くも限界までそり返りました。

乳首はピンピンにしこり、上下左右に弾くたびに彼女の体温は急上昇し、首筋や胸元から甘ったるいフェロモンが立ちのぼりました。

熟女のあそこは、どうなっているのか？　房から離した手をおろし、浴衣のすそをめくると、さすがに手首を強い力で押さえつけられました。

ここまで来て、キスだけで満足できるはずもありません。

もっちりした太腿の弾力感に酔いしれるなか、私は懸命に指を伸ばし、内腿の内側に無理やり突っ込んだんです。

「……ンっ!?」

小森さんが全身をビクンとふるわせた直後、指先はショーツの船底に達し、温かい湿り気が絡みつきました。

なんと、彼女は早くも愛液を溢れさせていたんです。

高揚感に包まれた私はもはやイケイケの状態で、指先をスライドさせ、はたまた小刻みに回転させ、多大な快楽を吹き込むことに躍起《やっき》になりました。

「はっ、ふっ、ンっ、はぁン」

ほんとうに好意を寄せていたのか、それとも久しぶりの情交だったからなのか。反応がすばらしく、私自身も性の悦びに打ち震えました。

猛烈な勢いで舌を吸った瞬間、彼女の腕から力が抜け、ここぞとばかりにショーツのウエストから手をもぐり込ませました。

「う、ふっ!」

にちゃっという音に続き、ぬめぬめした粘膜が指先にねばりつき、小さなとがりの感触もはっきり伝わりました。

熟女のあそこは大量の愛液にまみれ、男を迎え入れる態勢をすっかりととのえていたんです。

長いキスが途切れたあと、うるんだ瞳に半開きの唇と、小森さんはうつろな表情をしていました。

顔は耳たぶや首筋まで真っ赤に染まり、なんと悩ましかったことか。

私は口を引き結び、本格的なスライドでホットポイントに刺激を与えました。

「あっ、あっ、あっ、あぁぁっ」

指を跳ね躍らせれば、小森さんはくねくねと身悶え、いまにも椅子からずり落ちそうになりました。

あのときは口の中がカラカラに渇き、何度も生唾を呑み込んだのではないかと思います。

おマ○コを舐めたい衝動に駆られ、ショーツをおろしながら腰を落とそうとした刹那《せつな》、彼女は腕を両手でがっちりつかんできました。

「だ、だめっ!」

「はあはあ、どうして? ……我慢できませんよ」

「恥ずかしいから」

「恥ずかしいことなんて、何もないですよ。お風呂から、上がったばかりなんでしょ?」

「だって……」

猫なで声で恥じらう熟女に気が昂り、ペニスの芯がジンジンひりつきました。ペニスは浴衣の下でのたうち回り、パンツの中が我慢汁でベトベトの状態なのがはっきりわかるんです。

そのときはクンニリングスをしたい一心だったのですが、このままではいつまでたっても次に進めません。

一計を案じた私は、次の言葉を当然のように放っていました。

「それじゃ、ぼくのをしゃぶってくださいよ」

浴衣の前合わせを開いてパンツをおろせば、ペニスが跳ね上がり、下腹をバチーンと叩きました。

あのときの小森さんの驚き、またたきもせずにペニスを見つめる表情はいまだに忘れられません。喉をコクンと鳴らし、唇のすき間で舌を物ほしげにすべらせる仕草を私は見逃しませんでした。

「さあ、早く……ちゃんと洗ってきたんで、きれいですよ」

熟女はややためらいがちに手を伸ばし、硬直のペニスをそっと握りました。

「おふっ」

「ああ……」

熱い吐息がこぼれ、胸のふくらみが忙《せわ》しなく波打ちました。

十分前に出ていったなら、同僚たちはすぐには帰ってこないはずです。とはいえ、のんびり構えている余裕はなく、私の射精願望も沸点を越えていました。

「早く、早く……むうっ」

小森さんはイチゴ色の舌を突き出し、裏茎に沿ってツツッと這わせました。続いてチロチロと掃《は》き嬲《なぶ》り、胴体をゆっくりしごいてから包皮を根元まで引きおろしたんです。

薄皮状態と化したペニスは自分の目から見てもおどろおどろしい昂りを見せつけ、舌先が縫い目からカリ首、鈴口に這い回ると、我慢汁が透明な糸をツツッと引きました。

「く、くうっ」

太腿の筋肉をひきつらせた瞬間、小森さんは大口を開け、ペニスを真上から呑み込んでいきました。

じゅぷ、くちゅ、ちゅぷ、じゅぷぷぷぷっ！

卑猥な音が聴覚を刺激し、性感はますます高まる一方で、睾丸もグンと持ち上がりました。

あのおとなしいお局様が、自分の不浄な恥部を口に咥えている。その事実が、異様な昂奮を駆り立てたのかもしれません。

熟女は目を閉じ、スローテンポなスライドで唇をすべらせました。

激しい口戯を期待していたのですが、奥ゆかしい性格なのか、スライドは中ピッチを保ったまま。それがじらしの効果を与え、欲望のかたまりが渦を巻いて迫り上がりました。

「はあはあ、はあ、ふう！」

ついに我慢の限界を迎えた私は、口からペニスを抜き取り、彼女の手をつかんで部屋に移動したんです。

「……あっ」

畳の上にあおむけに倒し、浴衣のすそをめくってショーツを引きおろせば、彼女は泣きそうな顔でいやいやをしました。

「我慢できませんよ、いいでしょ?」

「で、でも、誰か帰ってきたら……」

「カラオケに行ったんでしょ? こんなに早く帰ってきませんよ!」

下着はすでに膝元までおろした状態で、あのときの私はまさに野獣と化しており、中止する気はさらさらありませんでした。

「ああ、いやっ!」

「小森さんのこと、好きだったんです!」

心にもない言葉を投げかけると、彼女は急におとなしくなり、ショーツを労せずして足首から抜き取りました。

愛の告白が多少なりとも女心をときめかせたのか、それともあきらめの心境だったのか、いまとなってはわかりません。

本能の赴《おもむ》くまま、私は両足を左右に大きく広げ、熟女の花園にギラギラした目を向けました。

小陰唇は厚みを増し、外側に大きくめくれ、合わせ目からのぞく内粘膜はキラキラした愛液をたっぷりまとっていました。

入り口は思ったより狭く、年齢のわりには色素沈着がなかったので、経験豊富というわけではなかったのかもしれません。

予想外の美しい花びらを見つめているうちに胸が高鳴り、ペニスがはち切れんばかりにいななきました。

とにかく驚いたのが甘い香りがぷんぷんただよっていたことで、いくら風呂上がりとはいえ、性的に昂奮しているのですから、南国果実のような独特の発情臭があるはずなんです。

彼女にはそれがまったくなく、永遠にかいでいたいと思わせるほどかぐわしいにおいでした。

もしかすると体質だったのかもしれませんが、ゆっくり考えている暇などあるはずもなく、気がつくと、私はこんもりした肉の丘にかぶりついていました。

「あ、ひっ！」

指で女陰を押し開き、ゼリー状の粘膜をペロペロ舐めると、包皮から顔をのぞかせたクリトリスが半透明の輝きを放ちました。

「はっ、はっ、はぁぁっ」

「すごい、エッチなお汁がどんどん溢れてきますよ。おマ○コも、ぱっくり開いちゃって」

「い、言わないで」

「ここですか？　ここが、いちばん気持ちいいんですか？」

今度は唇をすぼめてチュッチュッと吸い立てれば、彼女は私の頭をつかみ、髪を振り乱して身悶えました。

「あ、うぅぅンっ」

さらに舌先でこね回した瞬間、熟女はヒップを畳から浮かし、腰をビクッビクッとふるわせました。

私はチャンスとばかりにそのまま身を反転させ、横向きの体勢から彼女の顔面にペニスを突き出したんです。

「しゃぶって……はうっ」

言い終わらないうちに、小森さんはペニスを咥え、喉の奥に引き込みました。

そしてシックスナインの体勢から、カチカチの棍棒をガッポガッポとしゃぶりはじめたんです。

先ほどとは打って変わり、あまりの激しさに全身の血が沸騰《ふっとう》しました。私も負けじと陰唇とクリトリスを口中に引き込み、くにくにと甘噛みしました。

「くっ、ンっ、はっ」

「ん、むむっ」

顔のスライドが止まったのも束の間、小森さんは快感から逃れるように猛烈な勢いでペニスをしゃぶりたおし、ペニスが折れてしまいそうな激しさに睾丸の中の精液が暴れまくりました。

二人の浴衣は前が完全にはだけ、股の間から、ゆっさゆっさと揺れる白い乳房が見えるのだからたまりません。

「お、おおっ」

ついに我慢の限界を迎えた私は身をずり上げ、上体を起こしてまるまるとしたヒップを抱え込みました。

「はあ、はあ、入れますよ」

後背位からペニスを割れ目にあてがうと、うねる粘膜が亀頭を手繰《たぐ》り寄せ、カリ首が膣の中に埋め込まれました。

「ひっ、ひぃうぅっ」

「むおっ」

とろとろの膣壁がペニスをもみしごき、上下左右からキュンキュンと締めつけました。

ねっとりした感触は若い女の子では味わえなかったもので、身も心もとろけそうな気持ちよさを与えたんです。

私は歯を剝き出し、ヒップをわしづかんで怒濤《どとう》のピストンを繰り出しました。

体は燃えるように熱く、全身が汗まみれになりましたが、かまわずに腰をガンガンと突き立てたんです。

「あンっ、あンっ、あンっ！」

くぐもった喘ぎと、バチンバチーンと恥骨がヒップを叩く音が共鳴しました。

私は前屈みになり、乳房を手のひらで引き絞りながら膣肉をこれでもかと掘り返しました。

「いやっ、いやっ、やぁぁあっ」

「く、くう……もうだめだ。小森さん、いっしょにイキましょう」

「はあはあ、はあっ」

「どこに出しますか？　中でいいですか？」

いまにして思えば、とんでもない発言だったと思いますが、小森さんは眉尻を下げてうなずき、私は性のパワーをフルチャージさせました。

息を止めて顔面を真っ赤にし、暴走機関車さながらのピストンで膣肉をえぐっていったんです。

「やっ、やっ、ンはぁあぁぁっ！」

か細い嬌声が室内に轟くなか、結合部からぐっちゅぐっちゅと淫らな音が絶え間なく響き渡りました。

白い肌はすっかり紅潮し、秘部からただよう甘ったるい媚臭が鼻腔を突き上げ、頭の中が次第に白い光に包まれていきました。

「あっ……イクっ……イクっ」

絶頂を告げる声が耳に届いた瞬間、私は砲弾のごとく亀頭の先端を子宮口に叩きつけました。

「むうっ！　イキますよ……あ、イクっ！」

「あぁン、イクっ、イックぅぅぅっ」

熱いしぶきが尿管をひた走り、体外に放たれたときの快感は忘れられません。

天を仰いで黒目をひっくり返し、しばらくは動けなかったほどです。

小森さんはエクスタシーに達したあと、ヒップを派手にわななかせ、こなれた柔肉が精液を一滴残らずしぼり取るようにペニスを引き絞りました。

こうして私はお局様の膣に大量の精液を迸《ほとばし》らせ、畳の上に大の字に寝転びました。

汗が噴き出し、天井がぐるぐる回るなか、横目で様子を探ると、熟女は全身を延々とひくつかせていました。

汗を大量に流したことから、アルコールが抜けたのでしょう。息がととのうころ、我に返った私は己の所業に震え上がりました。

独身の熟女に手を出し、しかも中出しまでしてしまうとは……。

もし妊娠したら、どう対処するのか。

私は浴衣の乱れをととのえるや、彼女を一人残したまま部屋を飛び出してしまったんです。

翌日から、どんなに恐ろしい日々を過ごしたことか。

一週間後、先輩から小森さんが来月いっぱいで社を辞めて田舎へ帰るらしいと聞かされたときは、びっくりするやらホッとするやら複雑な思いでした。

どうやら親に勧められた見合い話が進んでおり、退職は社員旅行の前から決まっていたそうです。

その後も彼女からのリアクションはなく、社を辞めたあとは一度も会っていませんが、あのときの気持ちよさとひどいことをしてしまったという罪の意識はいまだに忘れられないんです。

陶芸教室で筋がいいからと特別個人指導 土に見立てた胸やアソコを入念にこねられ

須藤加奈　専業主婦・四十二歳

それは十五年も前、私が新婚当時の話です。

夫と私は大学の絵画サークルで出会って交際を始め、結婚するときは違う会社に勤めていました。二人で話し合って、私は専業主婦になることにしました。

新居は2DKの賃貸マンションでした。その近くに陶芸教室があって、私は引っ越した当初から興味を引かれていたんです。

そもそも私が寿退社したのは、夫も私もすぐに子どもが欲しかったからなんですけど、なかなか子宝に恵まれませんでした。結婚したときにはつきあいもだいぶ長かったので、夫婦の性生活が少ないのが、いちばんの原因だとなんとなくわかっていたのですが……排卵日を計算して夫を誘うっていうのも抵抗があって。

そんなときクヨクヨしても仕方ない、精神統一というか、気持ちを落ち着けて集中するのは妊活にもいいと思って、陶芸教室に通いはじめたんです。

もともと美術全般、ものを作ることが大好きなので、とても楽しくて、週一の教室が待ち遠しいくらい、すぐに陶芸にハマっていきました。

陶芸教室の先生は、どう見ても当時五十八歳の私の父より年上で、七十歳近いように見えました。美しい白髪に同じ色のひげをたくわえ、作務衣《さむえ》が似合う、まさに陶芸家という感じの人でした。

私が教室に行くのが待ち遠しかったのは、先生に会えるからという理由も大きかったんです。実は私、子どものころから爺コンプレックスの気があって、超年上好きなんです。ええ、エッチの対象として年上であればあるほどキュンとしちゃう当時の私にとって、その先生はまさに理想のタイプでした。

先生が作陶を実演して見せてくれるときもあるんですが、粘土をこねたり、ロクロを回して形を作っていく手つきを見ていると、経験豊かでテクニック抜群の愛撫をされているみたいで、ドキドキしました。

さらに適度な加齢臭っていうんですか、私、初老以上の男の人のにおいにも興奮してしまうので、先生が間近で教えてくださると、それだけで乳首が勃《た》っちゃって、ブラジャーにこすれてビクビクしてしまいました。

恥ずかしい話ですが、私、そういうときって、ショーツからぬめりが逆流してくるほど濡れていたんです。クリトリスも敏感に勃起していました。

平静を装《よそお》っても、頬が染まり、目がトロンとうるんでいたのでしょう。それを先生は見逃さなかったんだと思います。私たち生徒が作品を作っているとき、見回っていた先生が私の近くにやってきて、耳元でこうささやいたんです。

「あなたはとても筋がいい。今度、個人的に指導させてもらえないかな」

後で考えれば、そんな見えみえの口車に乗って、私は先生にエッチな指導をされることになってしまったのです。

最初の個人指導は教室が休みの日。平日の昼下がりでした。いつもは何人もの生徒さんがいる部屋に、先生と二人きりで向き合いました。

「陶芸の極意は、邪念を振り払って無の境地になることだよ。いいかい、これから何があっても、動揺しないように。これは平常心を保つ訓練だから」

そう言われて私は、先生の正面で丸椅子に腰をおろしました。

「それじゃ、始めるよ」

先生はいきなり、私の胸に手を伸ばしてきました。そして、私が着ていたパーカーの上から、あたりまえのようにおっぱいをもみはじめたんです。ゆっくりと指を動かして、大きさ柔らかさを確かめるようにもんでいました。

「あ、あの……先生……？」

あっけにとられる私を尻目に、先生はおっぱいをもみつづけました。いつの間にか左手も加えて、両手で餅をこねるようにグイグイともんでいたんです。

「加奈《かな》さん……と呼んでいいかな？」

「あ、はい。あんっ、そんなに……これが平常心を保つ訓練ですか？」

「そうだよ。何があっても、と言ったじゃないか」

それから先生は、私の生い立ちや夫とのなれそめを根掘り葉掘り質問してきました。私はそれに答えながら、先生の熟達した手つきでおっぱいをもまれて、全身がムラムラと性感に包まれていくのを意識していました。

もともと私のほうが先生をエッチの対象として見ていたので、そんなことをされてもあまり抵抗がなかったのかもしれません。もちろん夫への罪悪感は多少ありましたが、高齢の陶芸家の性への興味のほうが大きかったんです。

「ところで、加奈さんはおいくつでしたっけ？」

「二十七歳ですけど……」

「なるほど。どうりで柔らかいのに張りがあるわけだ。すばらしい」

それから先生は、あたりまえのように言いました。

「それじゃ前をはだけて」

「……は、はい？」

「パーカーとシャツを開いて、ブラジャーもめくって」

さすがに悩みましたが、もう少し先生のエッチな指導につきあってみようという自分がいたんです。湿った土のにおいのする陶芸室に二人きりで、すでに服の上からとはいえおっぱいをもまれて、エッチな雰囲気になっていましたし……まあ、相手はおじいちゃんと言ってもいい年齢ですから、いざとなったら逃げればいいかと。力ずくで犯されることはないだろうと。

そんなことを考えながら、私はファスナーとボタンをはずし、家を出るときに着けたフロントホックのブラジャーのホックをはずしたんです。

いきなり生のおっぱいを丸出しにするのは恥ずかしかったので、腕をクロスさせて隠していると、先生がその腕を引きはがして言いました。

「んー、大きさも形もすばらしい。垂涎《すいぜん》の乳房だ」

先生は少し興奮気味に、私の乳房をもみしだいてきました。右と左を互い違いにもみつけ、ゆらし、ふるわせて、下から上にこね回してきたんです。

「粘土もこんなふうにこねるんだ。気持ちを込めて、ゆっくりと、丹念に」

ガツガツした様子ではありませんが、久しぶりに恋人に会った男性が、いとしい彼女の乳房を愛撫しているような手つきでした。長く、長く、そんなふうにされると、どうしてもセックスを連想してしまう自分がいました。

「あ、あの……先生、あぅ、そんなに……」

「どうした、痛いのか?」

「いえ、そうじゃ……ないんですけど」

すると先生は満を持してというように、ゆっくりと乳首に指を移動させてきました。私の乳首は、小豆《あずき》大で色素沈着が薄いんです。なんとなくかわいいので自分でも気に入ってます。その乳首はすでにふだんよりプクッと硬くなっていました。それを先生は両手の指先でつまんでクリクリと転がしたんです。

私は敏感な乳首を愛撫されて、反応しそうな自分を必死で抑えていました。

「どうです、邪念は浮かんでいませんか？」

「は、はい、大丈夫……です」

すると先生が、乳首を転がしながら、私の胸に顔を近づけてきたんです。そのまま左の乳首を口に含むと、乳輪の外側に吸いつくように唇を押しつけて、息を吸い込みながら、舌先で続けざまに乳首を弾き上げました。

「あっ、ああっ、うぅッ」

私は思わず声を出してしまいました。

「どうしたのかな？」

「い、いえ、なんでも……ありません」

そう答えた私ですが、急激に顔がほてり、息が荒くなっていく自分を感じていました。寒気のような感覚に包まれ、皮膚の下がザワザワしていたんです。

「じゃあ、続けるよ」

「でも、あの……うくッ」

今度は先生が右の乳首にしゃぶりついてきました。左の乳首は指先で転がしていました。そのうちに右の乳首をつまみ、クリクリとこね回しながら左の乳首に吸いついてきました。口と指の愛撫が左右の乳首を交互にもてあそぶように繰り返されて、いつしか私の乳首は先生の唾液でヌルヌルに光っていました。

「ピチャピチャ、グチュッ、グチュチュッ……」

「ハア、ハア、ハアッ……先生、私もう」

先生のおっぱい愛撫は、どんどんエスカレートしていきました。

両手で乳房をわしづかみにして、指の間からムニュッと肉がはみ出すほどもみしだきながら、乳首にむさぼりつき、しゃぶり回し、弾き上げてきたんです。必死で快感を我慢しながら、私の全身はヒクヒクと痙攣を起こしていました。

それでも先生は容赦なく私の乳首を責めつづけました。

「……ヒィッ、先生、あぁーっ」

信じられませんでした。私、乳首だけでイッてしまったんです。もともと乳首は敏感で、いっぱい愛撫してほしいんですが、そんなことは初めてでした。

「あの、先生……もう大丈夫ですので、これ以上は……」

私が弱々しく先生を押し返そうとすると、こんな声が聞こえました。

「加奈さん、あなた……セックスしたいと思ってないか？」

「えっ、そ、そんなこと……ありません」

「じゃあ、その上に乗ってごらん」

部屋には何人もが同時に粘土をこねることのできる大きな台があるんです。

先生は私に、その上に乗れというのです。今度は下半身をさわられても平常心でいろとでも言うのでしょうか。だけど、私はそのとき、すでにショーツの下がどうしようもないほど濡れているのを自覚していました。

それがバレるのがイヤで、台に乗るのを躊躇《ちゅうちょ》していました。

すると、突然、先生が立ち上がり、私の両手を引っぱって抱き寄せたんです。その力は私が想像していた弱々しいものではなく、男らしい強さに満ちていました。そのまま抱き締められると、身動きができないくらいだったんです。

「や、やめてください、先生。もう許して……ングッ」

そのまま口をふさがれてしまったんです。そんなに年上の人とキスしたことなどありませんでした。舌を突き入れられて、ヌルヌルと口内をかき回されると、年配の男性特有のにおいが充満して、私はクラクラしてしまいました。

グチュグチュッ、ジュルル、はむぅ、グチュ……。

情熱的なキスをしながら、先生は私のお尻に両手を伸ばしてきました。

そのとき私は粘土がついていても目立たないように、カーキ色のコットンパンツをはいていたのですが、その上からグイグイともみくちゃにしてきたんです。

「おぉ、お尻もたまらないな。つき立ての餅みたいだ」

それを味わうように、先生はしばらくの間、私のお尻の肉をこね回したり、もみ上げたりしていたんですが、すばやい手つきでコットンパンツのボタンをはずしファスナーをおろすと、ショーツの中に手を突っ込んできました。

「あッ、ダメです、先生」

いきなりヴァギナをいじられて、私は下半身をふるわせてしまいました。

「そ、そんなに、さわらないでください……イヤ、そんな」

「やっぱりな。セックスしたいから、こんなにグチャグチャなんだろ」

「ち、違うんです。だって先生が、いっぱい乳首を舐めるから」

「とりあえず台に乗って……四つん這いになるんだ」

「えっ、そんな……恥ずかしい、です」

逆らえないことはわかっていました。正直に言えば私も興奮していました。

先生が見つめるなか、私は着乱れた上半身に下半身はすっぽんぽんというふしだらな格好で、粘土をこねる台の上に四つん這いになったんです。

「大量の愛液が膣口から溢れて、クリトリスも完全に露出してるよ」

先生はそう言って、指先をクリトリスに押し当ててきました。

「ヒィッ、そ、そこは！」

クリトリスは乳首以上に敏感になっていました。すごくエッチな声が出そうで、私は両手で口をおおいましたが、全身がヒクヒクと痙攣していました。

「ヌルヌルの愛液の中で、クリトリスはコリコリにこり固まっているな。小陰唇が生き物のように指にまとわりついてくる。なんていやらしい女陰部なんだ」

「あッ、くッ、そ、そんな……はっ、んぐう、アアッ」

クリトリスを愛撫する先生の指は、どんどんスピードを上げて、グチャグチャッ、ネチャネチャッというねばった音が、私の背後から聞こえてきました。

「膣がペニスを欲しがってるんだが、私のはもう役に立たないんでね」

え、そうなの？　と私が思っていると、先生は二本の指をヴァギナの奥深くに挿入してきたんです。そして愛液をかき出すように、激しく動かしはじめました。グジャグジャ、グチャッという音が陶芸室に響き渡りました。

「あうっ、んぐうっ、先生……おかしくなっちゃうぅ」

「もっと感じて！　いま、この部屋には、ほかに誰もいないんだから」

「あっ、あうッ、すごく激し……いいッ、あぁあぅーッ」

「もっともっと声を出して！　何も考えずに快感に身をまかせるんだ」

「あぁーっ、すごいぃっ、そこそこ……もっと、あうッんッ！」

私は抑えていたものをすべて吐き出すように、エッチな声を発しました。

先生が挿入した二本の指を出し入れしながら、もう片方の手でクリトリスをこすってきました。溢れた愛液が太腿まで濡らしているのがわかりました。

「ダメダメ、クリと中いっしょなんて、感じすぎるぅっ」

一度解放した私の体と心は、急激に快感に溺れていきました。

「あッ、あッ、あッ、もう……もおっ、イキそうです」

深々と埋まった先生の二本の指が、私を絶頂へと導くように、Ｇスポットを強烈に刺激してきました。クリトリスも続けざまにこすりつけられました。

「すごい、イクイクッ、イグぅーッ」

しぼり出すような声とともに、ビクッ、ビクビクッと全身が弾みました。

「イヤッ、ダメダメ、出ちゃう、あっ、出る出る、出ッ!」

先生の指入れで、私は大量の潮を吹いてしまったのです。潮は先生の腕や粘土をこねる台を濡らしただけでなく、先生の顔にまで降りかかったようでした。

「ハァ、ハァ、どうしよう、私、こんなに……恥ずかしい」

しばらくの間をおいて、背後から興奮した先生の声が聞こえました。

「おおっ、こんなになるのは、何年ぶりのことか!」

「ど、どうしたんですか、先生?」

「加奈さんのおかげで、私のペニスが勃ってるんだよ」

私は台の上でひっくり返されて、あおむけになりました。床に立っていた先生は作務衣のズボンを脱いで、その股間にペニスがそそり立っていました。

ゴクリと息を呑んだ私の太腿に腕をひっかけて、先生が自分のほうに引き寄せました。私のお尻がズルズルと台の縁まで引っぱられて、大股開きにされると、仁王立ちの先生のペニスと私のヴァギナが同じ高さで接近しました。

先生は無言のまま、亀頭の先端をクリトリスに押し当ててきました。隆々といきり立ったペニスを手で押さえて、ぬかるんだヴァギナをえぐるようにこすりつけてきたんです。クチャッ、ヌチャッ、グチャッと粘着音が響きました。

「入れてほしいんじゃないか、加奈さん？」

そうささやいてきたのは、ペニスの裏筋をヴァギナの割れ目にハメこんで、かなりの時間こすりつけられてからでした。私はその淫らな光景を目《ま》の当たりにしていたこともあって、はやく入れてほしくて仕方ありませんでした。

だけど、やはりどこかで自分から挿入を欲するのは抵抗がありました。

「もう一度聞くよ。入れてほしいんじゃないか？」

言いながら先生は、亀頭の三分の一ほどをヌチャッと膣口に押し込み、すぐに愛液の糸を伸ばしながら引き離しました。亀頭の先だけをヴァギナに埋めては抜いてしまう。そんな挿入手前のピストンを、何度も繰り返したんです。

「あ、イヤッ、ちゃんと、もっと……」

「ん？　ちゃんと、どうしろっていうんだい？」

たまらず私は、いつまでもじらす先生に哀願してしまいました。

「も、もうっ、ダメ……先生、入れて！」

「加奈さんがそんなに欲しいなら、仕方ない」

言いながら先生が、ズリュッと一気にペニスを突き入れてくれました。

「ぐうぅっ、い、いいッ……奥まで」

そのまま大きいストロークの出し入れが始まったんです。

「加奈さん、すごい名器だ。吸い取られそうだよ」

先生は亀頭を膣口の外まで引いてから、ズンと奥まで突き入れてきました。

「先生こそ、太くて、あッ、硬くて、あぁぁーっ」

私は我を忘れるほど興奮して、エッチな声を出しつづけました。

「もっと、もっと突いて。いっぱい入れてーッ」

虐《しいた》げるような先生の言葉も、私の劣情をかき立てました。

「加奈さん、発情したメス猫みたいだ」

「いやいや、そんなの、興奮しちゃう！」

淫らなセリフを口にすればするほど、全身の感度が増すようでした。

「すごいんです、先生のチ〇ポが、私のオマ〇コに刺さってますぅ」

喘ぎまくる私に、先生の逞しいペニスが激しいリズムで出し入れを続け、挿入のねばりつく音と肉のぶつかる破裂音が、陶芸室に響き渡っていました。

「あッ、ダメ、また、またイッちゃう！」

ビクビク、ビクビクッ……続けざまに絶頂の波に襲われて、そのたびに私の全身が爆ぜるように痙攣しました。髪を振り乱して訴えました。

「イっ、イっ、イクイク、イックゥー」

「ああっ、出る。出すよ！」

叫んだ先生の腰が、それまで以上のスピードで打ちつけられてきました。

「来て来て、先生、中に出して！」

私の中に大量の精液が迸り、子宮に打ち当たりました。

それからというもの、週一の陶芸教室以上に、先生のエッチな個人指導が続きました。先生はたまにしか挿入可能な勃起はしないんですが、淫らな言葉で責めながら、手や口で延々と愛撫してくれるので、私はイキまくりました。

勃起したときは、粘土をこねる台の上に先生があおむけになって、私は騎乗位で前後に腰を振ったり、上下にピストンで動くように命じられました。

「ほら、ロクロに載《の》ってる粘土になったつもりで、艶《つや》っぽく動くんだ」

そんなことを言われて興奮してしまう自分に驚きました。

また、先生は私に男性を悦ばせる女のテクニックも、懇切ていねいに教えてくれました。手コキするときの強弱のつけ方とか、フェラでのいやらしい音の出し方とか、おかげでアナル舐めもだいぶじょうずになったと思います。

何人もの生徒さんがいる陶芸教室のときも、私はノーパンで参加するように命じられていました。ええ、それだけでいつもヌルヌルに濡らしていました。

先生に開発されて、当時の私は、フェロモンをまき散らしていたのかもしれません。同じ時期、夫が急に独身のときよりも求めてきて、週末ともなると、激しく何度も抱かれました。そのおかげで、私たち夫婦はめでたく子宝に恵まれたんです。いまはもう中学生です……先生は五年前、亡くなりました。

第三章　熟妻たちの艶姿に滾る牡の欲棒

母校の体操部のコーチを引き受けた私はレオタード姿で顧問のペニスを迎え入れて

秋山さやか　主婦・三十八歳

ずっと地元の中学・高校に通い、地元で就職してＯＬになり、そして地元の人と結婚したので、生まれてから一度もこの土地を離れたことがありません。地方都市にはありがちな女の一生を送っています。

おかげでいまも地元の友だちとつきあっているし、ちょっと外に出れば、必ず誰か友だちに会うような生活です。もちろん、それがいやというわけではありません。いつも家族や親戚に囲まれているようで安心だし、私の地元愛は本物です。

そんな私は中学・高校と体操をやっていました。いまは体重も増えてふっくらした体型をしていますが、十代のころは痩せていてプロポーションもよくて、体操の実力もそこそこありました。じつは国体に出たことがあります。私の唯一の自慢です。あのころのスタイル抜群な自分を思い出すと、なんだか切なくなります。卒業アルバムや当時の写真を見るたびに溜め息が出てしまいます。もちろん、もう二度と体操をやる気はなかったし、レオタードを着ることもないと思っていました。

でも人生というのは何が起こるかわかりません。この年になって再びレオタードを身につけることになったのです。

それは去年のことです。たまたま用事があって、ふだんはめったに行くことのない出身高校の近くを通ると、体育の先生に呼び止められました。

私たち体操部の顧問だった前田《まえだ》先生ですが、卒業して二十年近くたっているので、いまはもう五十歳は過ぎているはずです。さすがに年をとったなあという感じでしたが、もちろん、それは私も同じことです。きっと先生のほうも私を見て、おばさんになったなあと思ったはずです。それでも覚えていてくれたのがうれしくて、用事の途中だったのに、ついついなつかしい正門が見えるところで長々と立ち話をしてしまいました。

こういうのも、地元のいいところだなあなんて思いながら、私が国体に出たときのことなど話していると、先生がとんでもないことを言い出しました。

「いま、体操部の若い顧問がいなくて困ってるんだ。私もさすがに、自分で実技を見せてやるわけにもいかなくてね。よかったら、時間があるときだけでかまわないから、きみが指導してやってくれないかな」

「え？　まさか、無理ですよ。私、もうこんなデブだし」

「大丈夫、きみなら絶対にいけるさ。バイト代は出せないけど、後輩たちのためだと思ってがんばってくれないかな」

じつは高校時代にちょっとあこがれていたこともある先生です。いまの私はもう結婚してるし、先生のことを好きだったのは遠い昔の思い出のはずですが、でも私のどこかに女子高生時代の乙女のハートが残ってたみたいで、ちょっとだけキュンとしてしまったのです。気がついたらOKしていました。こうして私は週に二、三回、体操部のコーチをやることになったのです。

とはいえ、最初に体育館に行って現役女子高生たちを見たときは、ああ、やっぱり引き受けるんじゃなかったと思いました。みんなさすがにきれいな体をしていて、しかも美人揃いです。

私はちょっと恥ずかしい気分。もう絶対にレオタードは着れないなあと思ってジャージでがんばることにしました。生徒たちはみんなまじめです。大先輩の私の指導を受けて熱心に練習している姿を見ていると、私のほうも十代のころの気持ちを思い出してしまい、なんだか思った以上に楽しくなってきました。

前田先生もそんな私を見ながら目を細めてくれ、ああ、やってよかったなあと思っていたのです。だから、あんなことを言われたとき、すごくびっくりしてしまったのです。でも、もしかしたら私もどこかで期待していたのかもしれません。

じつは、ある日、練習のあと先生から、お前のレオタード姿を久しぶりに見てみたいな、なんて言われてしまったのです。

「国体出場したころの姿を思い出したいんだよ」

そんな、まさか……と必死に拒《こば》んだのですが、あまりにも先生が熱心に言うので、数日後の練習のあと、更衣室でレオタード姿になって披露したのです。

最初はすごく恥ずかしかったのですが、クルリと回ったり演技が終わったときの決めポーズなんかをやってるうちに、私のほうも前田先生を好きだったころの自分の感情を思い出して、ちょっとヘンな気分になってきました。

そして気がつくと、ムチムチの肉体をレオタードで包んだ私を見ている先生の目の色も変わったような気がしました。

そうです。いまの私たちは先生と生徒の関係ではありません。一人の体育教師と熟した人妻の関係なのです。そのことを意識しはじめたら、なんだかムラムラしてきました。このままじゃやばい、いけないことになってしまう……そう思った私は、「じゃあ、そろそろ着がえますね」と言いました。当然、先生は出ていってくれると思ったのですが、逆に先生はギラギラする目で私の体を上から下まで見ています。

「そんなに見ないでください、こんなムチムチになった体を見られるのは、すごく恥ずかしいんだから」

そう言いながらも、体のほうは勝手に反応してるっていうか、いつの間にか熱があるみたいにほてってきて、胸やアソコがジンジンしてくるのがわかりました。

「もう少しいいじゃないか。スリムだった高校時代のお前もよかったけど、いまの体型のお前も、すごくいいぞ。というか、おれはこっちのほうが好みだな」

「な、なんてこと言うんですか」

私、あわてて、たっぷりふくらんだ乳房や下半身を両手でおおったのですが、でも、気がついたら乳首が勃起してしまってレオタードの胸元がポチっとしてるし、股間の布地が湿ってることに気がついてました。先生の目は、ますます舐め回すように私の体を見ています。なんだか視線で愛撫されてるようでした。

「いいじゃないか、もう少し拝ませてくれよ、お前の体」

「や、やめてください、恥ずかしすぎます」

でも私、ジャージ姿の先生の男性自身が大きくなってるのに気づきました。私もすっかりエッチなおばさんになってしまったな、なんて思いながら、どうしてもそこに目がいってしまうのです。ああ、先生ったら、私のレオタード姿を見て勃起させてるんだ。そう思うと、もう胸がドキドキしてどうにかなりそうでした。

「今日の練習、どうでしたか？」

それ以上はエッチなことを考えないように強引にそんな話題をふりました。でも先生は欲望を抑えきれない顔です。

「正直言って、お前が気になって仕方なかったんだよ」

「え？　そうなんですか？」

「いつもお前のことばかり目がいってしまう。早くレオタード姿を見たくて仕方なかったんだ。いまだから正直に言うけど、おれはあのころ、お前が好きだったんだよ。でも教師と生徒という関係ではどうにもできなかった」

意外な告白をされて、頭がボーッとしてしまいました。

ほんとうは私もずっと先生のことが好きだったんです、そんな言葉が喉まで出かかりました。でもいまさら告白して、それで、この年齢になって結ばれるなんて、なんだか安っぽいレディコミみたいで恥ずかしいなとも思いました。

ただ、どんなにくさいセリフであっても、実際に言われてみると、やっぱり胸の奥にキュンとするものがあります。ああ、私もまだ乙女の心を持ってるのかな、なんて、ちょっとうれしくなりました。

「あの、もう遅いし、私服に着がえますね」

そういってロッカーに向かいました。するとそのとき後ろから抱きすくめられたのです。あ、こんなことしちゃダメって思ったのに、私ったら拒絶するどころか、やっとこの瞬間がやってきたんだっていう気持ちになってしまいました。

「だめですよ、先生」

いちおうはそう言って拒みました。主婦としての理性が残っていたのだと思います。でもほんとうはやめてほしくなかったのです。

「ダメなのはわかってるけど、お前のこと見てたら我慢できなくなったんだ」

「だって、私には夫がいるんですよ。先生だって奥さんいるんでしょう？」

それで先生が諦めたら仕方ないと思いました。でも先生はやめるどころか、ますます私の体を抱き締めてきました。

「妻はいるけど、もうすっかり冷めてるんだ。もう一年以上も妻の体にはふれてないよ。寝室も別々だしな。そんなときにお前のレオタード姿を見たら、もう我慢できなくなったんだ」

なんかもう男の性欲全開です。先生って、こんな人だったんだ。いまになって知りました。すごく露骨で大胆です。でも、そんなふうにはっきりと男性に欲望を見せつけられて、じつは私もうれしい気持ちでした。じつは私のほうも倦怠期《けんたい》というのか、もう何カ月も夫とはご無沙汰でした。正直なところ体は飢えていたのです。

ほんの直前まではお互いに先生と生徒という関係を守っていたはずなのです。

でもそうなってしまうと、人間というのはあっけないもので、後ろから大きな乳房をもみしだかれるうちに、もう拒絶できないと諦めてしまいました。結婚以来、そんなふうに夫以外の男性に体をさわられるのは初めてで、その新鮮な快感にすぐに呑み込まれてしまった感じです。

ジャージ姿の先生は、私のお尻に硬い股間を押しつけてきました。体育教師ともあろう人がこんなハレンチなことをするなんてと思いながらも、お尻の神経すべてを使ってジャージの中で勃起している男性自身の形や硬さを感じ取ろうとしている自分がいました。プリップリのお尻の肉にエラの張った大きなペニスがこすりつけられてると思うだけで、なんだかもう立っていられないくらい興奮してきました。

「いまだから言うけどね、おれは女子高生のお前をネタにしてオナってたんだ」

「え、やだ、うそ」

先生のそんな告白もびっくりですが、オナってたなんて言葉を使うのも意外で、なんかもう自分の理性が吹っ飛んでしまいました。

「私も先生のこと思い出してオナッたことあります。オナニー覚えたばっかりで、よく先生をオカズにして、アソコをいじってたんです」

ついそんなことを正直に話したら、お尻に押しつけられていた男性自身がギュンてさらに硬くなるのがわかりました。

「お互いにオナニーのネタにしてた同士で、やっとこういうことができるんだ」

先生の両手がレオタードにピッチピチに包まれた体をなで回してきます。片手で乳首を転がし、もう片方の手で股間をまさぐってクリトリスの上からこすられると、もうレオタードにシミができるのがわかりました。薄い布地ごしにその突起物をいじくり回されて、もう立っていられないくらいになった私の手をとると、先生は自分の股間に引き寄せました。

いつの間にか先生はジャージとパンツをおろして男性自身を丸出しにしていました。私はそれを直接握らされました。

「どうだ、まだまだ若いだろ?」

「す、すごい! ダンナのより大きいし、熱いですよ、先生」

それは本当でした。まさにイチモツという言葉にふさわしい堂々とした男性自身でした。ここ何年かすっかり硬さがなくなって挿入しても早撃ちの夫のに比べたら、先生のそれはまさに「ペニス」という感じでした。しかも先端がもう濡れていて、指や手のひらがベトベトしてきます。なんて卑猥なんだろうと思いました。

「すごくいやらしいさわり方だな。お前がそんなテクニシャンだなんて想像もしなかった。すぐにでも爆発しそうだ」

「私、もういい年なんですよ。高校生のころはこんなことできなかったけど、いまはなんでもできるんだから」

そう冗談ぽく言ったけど、ほんとうは先生のそれをお口でご奉仕したくてたまらなかったのです。すごくおしゃぶりが好きなんです。大人になってから気づいたことですが、男性のモノを口に入れたり舐めたりして男性が感じてる声を聞くと、私のほうもすごく興奮して、それだけでイクこともあるのです。

「ねえ、お口でさせてください」

「いいのか、やってくれるのか？　風呂にも入ってないのに」

「いいんです、そういうのが好きなんです」

そう言ってから先生のそれにむしゃぶりつきました。汗臭くて頭がクラクラしたのを覚えてします。でもそれが興奮するのです。口の中いっぱいに男の体臭、というかオスのにおいを感じながら、先端の穴から亀頭の回りからサオやタマのほうまで、たっぷり唾液をまぶして味わいました。

「すごいな、お前がしゃぶってくれるなんて夢みたいだ」

「私もうれしいです。高校生のときからずっと、先生のこれを想像してました。大きいのかな、硬いのかなって」

「どうだ、実際に味わってみて」

「すごいです！　旦那のとは比べ物にならないくらい立派です」

そんな自分の言葉にあおられて、私はもう一所懸命にそれを愛しました。先端から垂れてるオツユを味わい、カリの回りに舌を這わせ、サオの上下にこすって、さらにはタマのほうも指で愛撫して、先生の男性器をすべてたんのうしました。

「すごいよ、こんなに尺八がうまいなんて思わなかった。これだけで出してしまいそうだよ」

「いいですよ、私のお口に発射しますか？　出されるの嫌いじゃないです。私のおしゃぶりでイってくれたら幸せです」

そう言って、先端を含みながらしごき上げました。でも先生は切羽詰まった声をあげながらも必死で我慢しました。

「いや、それはもったいない、今度はお前の体を味わいたいよ。いいだろ？　いつもオナペットだったお前の体を舐めさせてくれよ」

なんて露骨な言い方だろう。こんな人だったんだ……そう思いながらも私のほうもすっかり興奮していました。

「舐めて。先生に舐めてほしい。好きなところ全部舐めて」

そう言うと先生は、私のレオタードの胸元をずらして、Ｅカップの乳房をボヨンと丸出しにしました。そしてそれにむしゃぶりつき、乳首を口に含み、舌で転がしました。まさに性欲のかたまりです。夢中になって私の乳首を吸ってる顔がすごくかわいくていとしく見えました。

乳房をそんなふうにたっぷり責められるのはほんとうに久しぶりだったので、それだけで私は達してしまいそうになりました。でも先生のほうは、それではおさまりません。乳首に食らいついたままで、レオタードをズリズリと脱がせにかかりました。ムチムチの体にぴったり張りついているレオタードを脱がせるのはちょっと手間どったのですが、早く全裸になりたくて全身をくねくねさせながら、やがてスッポンポンになってしまいました。

高校時代にあこがれていた先生の前で、しかもあのころ毎日のように使っていた更衣室で全裸になるなんて、なんかすごくいけないことをしている気分でした。でも、その罪悪感とか背徳感がたまらなくて、アソコがすっかり濡れるのがわかりました。

「お前、こんなに濡らしてるぞ」

私の足元に膝をついて、アソコに顔を押しつけながら先生はエロい声で言いました。

「これがお前の愛液の味か」

「やだ、先生、エッチなこと言わないで」

恥ずかしい割れ目に唇を押しつけて、先生はそこをチュウチュウ音を立てて吸ってきます。すごい吸引力でした。クリトリスがちぎれるかと思うくらいに強く吸われて、それだけで絶頂に向かって押し上げられてしまいました。

しかも先生は、クリトリスを吸いながらアソコに指を入れてきて、いちばん感じるところを探すように中をかき回すのです。クリと穴との両面攻撃は私の最大の弱点です。もう全身から力が抜けて立っているのもつらいくらいです。

「ああ、先生、それダメ、私、それ弱いの。そんなにされたらダメなの」

「感じやすいんだな。こんなに敏感でエロい体してるなんて、おれは全然知らなかったぞ。愛液の量も多いし、おれはもう我慢できない」

私はいま思い出しても顔が真っ赤になるくらいいやらしいことを口走って感じていたのですが、教師とは思えないようなハレンチなことを言いながら、クリ吸いと穴責めをしてくる先生は、ふだんとはまるで別人でした。恥ずかしいのですが、いつの間にか私は、完全にガニ股になって、先生の責めを受け止めていました。足元には垂れ落ちた愛液が水溜まりのように黒いシミになっていました。

そんなことは初めてでした。どういうわけか、ダンナとするときよりも、先生とそんなことをしている自分のほうが淫らな女のような気がしました。やはり妻という仮面を脱ぎすてて、ただ一人の女というか、メスになったということなのでしょうか。それとも高校時代にオナニーのネタにしていた先生といまになってそういうことをしているので、いままで溜まりに溜まっていた欲望が全部吹き出してしまったのかもしれません。

よくわからないのですが、すごく素直な自分になったような気がして、体だけでなくて心も完全に舞い上がっている私がいました。

「先生、もう我慢できない！　先生が欲しいの」

思わずそう口走ると、先生は耳元で、「何が欲しいんだ、言ってみろ」とささやいてきました。私が思わず卑猥な言葉でそれをおねだりすると、先生は、「さすが人妻はエロいな」とうれしそうにニヤニヤしました。

私はロッカーに両手を突いて、後ろ向きに立たされました。そして思いきりお尻を突き出すように言われました。高校時代はキュッと引き締まってカッコいいお尻だったのですが、いまではヒップのサイズは九十五センチもあります。完全に巨尻の人妻になってしまいました。だからちょっと恥ずかしかったのですが、先生はそういうのが好きなのか、「いいケツになったなあ」と言いながら、ペニスでそのお尻の肉をなで回しました。

「ああ、恥ずかしいです、先生、早く入れて、お願い！」

そうお願いすると、先生はようやく入り口にそれをあてがい、そしてじらすように楽しむように、じわじわと挿入してきました。

先生のそれは、見た目よりも大きく感じました。アソコが思いきり押し広げられる感じがして、ズッポリ奥までおさまると、アソコの穴がそのまま先生のアレの形になってしまうような気がするくらいしっかりフィットしていました。

「動くぞ」

まるで体操のかけ声のようにそう言ってから、最初から激しいピストンが始まりました。もうすっかり感度が昂ってるアソコは、その激しいピストンでさらに感じまくり、私はアッという間にエクスタシーまで押し上げられました。きっと、絶頂までの時間は人生最速だったと思います。

「ああ、すごいよ、締まりがいいんだな。お前がこんなに締まりがいいなんて思わなかった。たまんないよ」

「先生のもすごいです！ アソコが壊れそう。こんなのいままで味わったことないです。セックスってこんなに気持ちいいんですね」

お互いに思いきり相手をほめ合って動きまくりました。なんだかもう本気でセックスしてるって感じです。そんな経験は初めてでした。高校時代からお互いに相手のことをエロい目で見ていたことが、いまこんなかたちで実を結んでるんだと思うと、すごくうれしくて幸せでした。

「ああ、もうダメだ。おれ、イクぞ」

先生の上擦った声を聞いて、私も最後の瞬間を迎えました。

「イクイク、私、いま、イってる」

「ああ、おれも出すぞ、全部出すぞ」

最後は先生の熱い液体が、お尻にぶちまけられる感触がありました。むっちりした巨尻が精液で汚されてしまった、そう思うだけで興奮しまくりの私です。

これが私の経験です。部活のあとの、誰にも言えない秘密の体験ですが、こんなことがあったのは、私がいつまでも地元大好きの地元民だからです。あれからも、私は部活で女子高生たちの指導を続けています。そしてときどきは、部活のあとの更衣室で先生と激しいセックスを楽しんでいます。

地元は小さな世界だから、もしかしたらそのうちヘンな噂でも広がるかもしれないとも思います。でも、そうなったらそうなったで、どうにかなるだろうと楽観視している私です。これから先、またどんなことが起こるかわかりませんが、私が自分が生まれ育ったこの土地を、これからも大切にしていくつもりでいます。

昼の書き入れ時を終えた定食屋の店内で恥じらう美人店主を素っ裸にさせて……

坂下雄二　会社員・三十六歳

職場の周りには、あまり飲食店がありませんでした。

古い定食屋が一軒あり、お昼時はそこにいろいろな会社の昼食難民が押し寄せていました。昭和ノスタルジーやレトロ演出ではなく、ただ古くさいだけのたたずまいの店です。

私は仕事の関係上、いつも来店するのが午後一時ごろで、お店が中休みする直前になっていました。

「いつもこんな時間にすみませんね。片づけが進まないでしょう」

悪くはない丼をかっ食らいながら、私は半分本気の謝罪、半分社交辞令で言いました。

「坂下《さかした》さんが来られないと、お昼が終わった気がしないですわ」

お客はもう私だけだったので、美人オーナーの野田《のだ》さんは表の暖簾《のれん》を下げながら小さく笑いました。

垢抜《あかぬ》けない小柄な美人というのが最初の印象でした。飲食業ということもあるでしょうが、目鼻立ちはしっかりしているのに、積極的に美人をアピールするつもりはないような控えめなお化粧でした。エプロンや三角巾もくたびれており、年季の入ったエプロンは腰がなくなっていて、意外に大きい胸のふくらみを強調していました。

最後に一人残った客という立ち位置を利用して、片づけの邪魔にならない程度に私はよく話を振りました。〝野田さん〟〝坂下さん〟と互いを名前で呼ぶようになったのもかなり最初のころでした。

いつのころからか、私は野田さんに少々淫らな妄想を抱いていました。

野田さんは未亡人です。私がここの常連になる直前、二年前に調理師だった旦那さんが厨房で脳溢血《のういっけつ》で倒れ、亡くなったとのことでした。

一カ月ほど前のある金曜日、私はいつものようにその定食屋で食事をしていました。

「お食事はおすみですか？　コーヒーを淹れますわ」

空いた皿を下げながら、野田さんは言いました。コーヒーはサービスです。お金を払おうとしても、いつも受け取ってもらえませんでした。

「従業員用の安物ですからお気づかいなく」

笑うとかわいらしいのですが、正直、少し沈んだ顔のほうが妖しい魅力のある美人でした。昭和のサスペンスに出てくる幸薄い美女という感じです。

「野田さん」

「あ、なにをなさるの……」

薄氷を踏む思いで、皿を下げようとした野田さんの手にふれました。

「おイタがすぎますわ、坂下さん」

えらく古い言い方で非難しましたが、口調はやわらかく、野田さんも動きをとめていました。

「すみません、失礼なまねをして……ぼく、野田さんのことがいつも気になっているんです。午後、仕事中もずっと考えてたり」

「まあ、奥さんも子どもさんもおありなのに」

野田さんはどこかおもしろがるような、まんざらでもなさそうな口調でした。いける、と下卑《げび》た男性の下心に火がついてしまいました。

野田さんはいつも白いブラウスと膝丈のスカートです。

「白状しますと、女房とやるとき、野田さんのことを考えたりします」

「それは……奥様に失礼ですわ」

私は椅子に腰かけたまま、そっとスカートの上から野田さんのお尻をなでました。内心では心臓の縮む思いでした。

「あら……ほんとになにをなさるのかしら」

ちょっと非難がこもっていましたが、両脚をその場でそろえ、トレーを両手でお腹に抱えたまま、逃げるそぶりはありませんでした。

「野田さんのお尻、思ったとおりの柔らかさだ」

「……ウチでそんなことを考えてらっしゃったのね」

あきれたような小声なのに、一向に逃げる様子はありません。

思いきって、手をスカートのすそから中に入れました。野田さんはストッキングをはいていませんでした。

「もう……困った人」

スカートの中でパンティ越しにお尻をわしづかみにすると、

「んんっ、ダメです……」

予想以上の湿っぽい声をあげました。

「オーナー、片づけが終わったんで、お先に失礼します」

厨房から男性の声が聞こえ、あわててスカートから手を出しました。野田さんも小柄な体をビクリと揺らしていました。

「ああ……お疲れさまでした。気をつけて帰ってね」

野田さんは私の汚れた皿を持つと、「失礼します」と、そそくさと下がっていきました。

「ごちそうさまでした」

厨房に声をかけたのですが、「ありがとうございました。またどうぞ」と、テンプレの声が帰ってくるだけでした。

土日を挟んで、翌週の四日間は地方への出張でした。

その定食屋に足を運ぶのは一週間ぶりとなりました。

「あら、坂下さん、いらっしゃい！」

いつもどおり、お昼の部の終わりごろ、客数もまばらになりかけたころにお店に訪れると、野田さんは驚きと喜びを同時に顔に浮かべて迎えてくれました。

出張でした、と私は言いわけのように説明しました。

「なんだか、私に嫌気が差して来られなくなったのかと、さびしかったですわ」

定食をテーブルに置きながら言う野田さんに、私はあわてて手を振りました。

「とんでもない……こないだは、すみません。失礼なことして」

野田さんは薄笑みを浮かべたまま返事をせず、厨房に下がりました。

なんとも言えずバツの悪い気持ちのまま食事を終えると、いつもどおり客は私だけになっていました。

野田さんがいつものコーヒーを持ってきてくれました。少々恐縮してそれに口をつけました。

「ではオーナー、これで失礼します」

厨房の奥から、この間の男性の声が聞こえました。

野田さんはやはりトレーを両手で前に抱き、腰かけた私の横に立っていました。

「こないだはすみません、変なことして……怒ってますよね」

間の悪さをつくろうように、私は同じ言葉を繰り返しました。

「うふふ、怒っていれば、こんな顔はしていませんわ」

営業用スマイルかと思いましたが、見上げると細めた瞳に「ゆ・る・す」と書いてあるのがわかりました。

「ぼくもおバカな男だから、許してもらえると、調子に乗るかもしれませんよ？」

ちょっと挑発的に言いましたが、野田さんは微笑んだまま返事をしません。あることに気づきました。

「そういえば厨房の男性、いつもより少し上がりが早いですね？」

「私もさっき手伝ってて早く終わったんです。それで。彼は裏口から帰るから、もうこの店には、坂下さんと私しかいないわ」

野田さんもその気だったのです。

私の気持ちは一気に高揚し、（言葉にするとおかしいのですが）静かに息を荒げていました。

さえないスカートの上から、そっとお尻をなでました。

わしづかみにしました。そしてもみくちゃにしました。スカート越しに、お股に手のひらをすべり込ませようとしました。

「まあ、坂下さん……電車の痴漢さんでも、もうちょっと遠慮しますわ」

スッと野田さんは私から離れました。

「先にクローズします。落ち着きませんし」

店頭に出て暖簾をはずし、内側から施錠しました。

立ち上がると、テーブルの上に暖簾を置いた野田さんを強く抱き締めました。

「坂下さん、ここは客席なのに……」

鼻息荒く抱き締められ、野田さんは気弱な苦笑を浮かべていました。幸薄そうな面立ちによく似合っていました。

「この一週間、出張中も、野田さんのことばかり考えていました」

「ああ、実は、私もです……」

目が合うと、私たちはキスしました。

「あん、ここは神聖な職場なのに……」

少し責めるような口調も、どこか弱々しいものでした。

「お仕事を侮辱《ぶじょく》するつもりはありません。でも、我慢できないんだ」

「困った方……」

時代がかった言い方にこんなに萌えるとは思いませんでした。

抱き合ったまま、エプロンをはずしました。ぱっとしないベージュのブラウスのボタンも手際よくはずしていきました。野田さんはあきらかにとまどっていましたが、拒むことはありませんでした。

レースの施された白いブラジャーもマスプロ製品の没個性なもので、異性の視線を意識するものではありません。

「ここで、全部、脱ぐんですか?」

困り果て、泣きそうな顔になっていました。いわゆるSMなどの加虐趣味はなかったのですが、その顔を見て、初めて女性を性的にいじめたくなったのを覚えています。

「客席だけど、自宅の一部でしょう? 店を閉めている間はどんな格好でもいいはずです。脱衣場だと思えばいいんです」

少々無茶な理屈でしたが、早口で言うと、野田さんはそれ以上なにも言いませんでした。

昭和の安普請《やすぶしん》ですが、その定食屋は二階が野田さんの自宅になっていたのを聞いて知っていました。

私もその場で大急ぎで服を脱ぎ、素っ裸になりました。さぞ滑稽《こっけい》なさまだったと思います。

「まあ、坂下さん、こんなところで……」

気持ちの昂りから、私のペニスは完全勃起していました。坂下さんは当惑気味ながらも、上を向いて重く揺れるペニスから目を離しませんでした。

「さあ、野田さんも」

スカートを脱がせるのを手伝いました。

安物のブラウンのストッキングが伝線しているのを見て、野田さんらしいと思ったのを覚えています。白いパンティがストッキング越しにベージュに透けていました。

「……ここで、全部脱ぐんですか?」

質問が終わる前に、私は抱き寄せる格好でブラジャーのバックストラップもはずしました。

「大きなおっぱい。形もいい。これも予想どおりだ」

「恥ずかしい……」

客席の窓はすべて昭和らしい擦《す》りガラスで、外からは見えません。しかし野田さんは居心地が悪そうに、視線がどこかにないか、不安そうに客席を見渡していました。

そのまま抱き締めました。

「その姿でお客さんを迎えたら、びっくりするでしょうね」

「やめて。想像してしまいます……」

頭の三角巾もとり、小ぶりな頭をなでました。同時に、ストッキングとパンティ越しに、お尻もなで回しました。

「さあ、これも脱ぎましょう」

「こんなところで……」

私はしゃがむと、ストッキングを巻きつけるように脱がしていきました。

とまどう野田さんも、消極的に片脚を上げて脱がすのを手伝ってくれました。

「シンプルなパンティですね。よく似合ってますよ」

しゃがんで股間と向き合いながら、パンティも脱がしていきました。

「ああん、恥ずかしい……」

バージンみたいな羞恥《しゅうち》の声に、体じゅうがとろけそうになりました。

「女子高校生みたいな言い方ですね」

「亡くなった主人以外に見られるのは、十年ぶりです……」

控えめな恥毛は、奥が蜜でキラリと光っていました。

片脚を上げてパンティも脱がせると、あとは丈の短い濃ピンクの靴下だけでしたが、これは放っておきました。

再び抱き締め、乳房をもみました。

「あんっ、ああんっ……こんなところで、こんなことするなんて……」

どうしてもそのことに罪悪感があるようでした。

「野田さん、そのまま、〝いらっしゃいませ〟って、いつもの調子で言ってください」

「言いません。いくらなんでも……」

加虐プレイをちょっとしてみたかったのですが、野田さんの職業倫理に抵触するならやめておこうと思いました。

「さわってください。野田さんを思うと、ときどきこんなに硬くなるんだ」

抱き締めながら、野田さんの手を勃起ペニスに導きました。

「ああ……こんなに硬くして。いけない方」

控えめで責めるような口調なのに、硬度を確かめるように、けっこうな力で握ってきました。

「ほら、夕方まで役目を終えたイスやテーブルが、いまは静かに、ぼくたちを見守ってくれてますよ」

バカバカしい言葉なのに、野田さんは私につられて客席に目をやりました。

「ほんの三十分前まで、大勢のお客様でにぎわっていたところなのに……」

言いながらも、野田さんは私のペニスから手を離しませんでした。

「ゾクゾクしますね」

「しませんわ。ひどい方」

時代劇の女房のような口調に、膝が折れそうなほど萌えたものでした。

「坂下さん、この……これ、もう少し近くで見ても、いいですか?」

おずおずとそんなことを言ってきました。「これ」を口にするとき、ペニスをギュッとつかんできました。

「どうぞ。いまは野田さん専用です」

私の服をつかみながら、野田さんは膝を折ってしゃがみました。

「まあ、まあ、なんて方! わたしでこんなに硬くしてるなんて……」

非難の口調を装いながらも、どこか「身に余る光栄ですわ」みたいなニュアンスも感じられました。

「ああ、すごいにおい……なつかしいわ」

ペニスを両手にとり、野田さんは頬ずりしてくれました。ふわりとした柔らかな頬が熱かったのをペニスが覚えています。

「こんな気持ちにさせて、なんて方なの……」

うっとりと目を閉じ、舌を出すと、ペニスを舐めはじめました。

「んあっ、野田さんっ……!」

「こんなところでこんなことをさせて……坂下さん、ほんとに、とんでもないお客様だわ」

あくまでも責める口調で言いながら、長く伸ばした舌でペニスの軸もカリも執拗に舐めてきたのです。

仔猫に舐められているというより、(失礼を承知で書きますが)弱った化け猫に舐められているような感覚でした。

拝むように両手でペニスを挟むと、真正面から呑み込んでくれました。フェラチオよりも、〝尺八〟が似合いそうな和風のエロだと感じました。

「ああ、野田さん、気持ちいいです……!」

情けない声が洩れました。自分が仕かけた悪さなのに、気弱そうな野田さんの豹変ぶりにちょっと驚いていました。

「野田さん、お口の中に……出そうだ。溢れたら、客席を汚してしまう」

客席を汚してしまうという言葉に反応したのか、ニュプンと口からペニスを出しました。

見上げた野田さんの顔はほんのりと赤らみ、お行儀悪く口の周りを唾液で光らせていました。

「野田さん、ここで……入れたい」

「ええ」

野田さんは即答でした。ゆるゆると恨《うら》み言を口にしながら消極的につきあうと思っていたのに、ちょっと意外でした。

「あ、テーブルじゃなくて、椅子に両手をついてください」

床に寝転がるわけにいかないので、自然、バックからの立ちセックスになりました。テーブルではなく、椅子を指示したのは、そのほうがお尻が突き出して入れやすくなると思ったからです。

小ぶりなお尻を両手にとりました。かわいいお尻の穴も丸見えでした。

「入れます」

「ああ……そっと、お願いします。ずいぶん、久しぶりだから……」

上を向いたペニスの根元を持ち、切っ先を膣口に当てました。

「んぐぅ……坂下さんっ!」

明らかに妻とは異なる挿入感に、私は歯の根を食いしばっていました。

膣内はおそろしくなめらかにうるおっていました。マンネリセックスで膣蜜の減ってきた妻とちがい、ペニスが驚き喜んでいました。

「野田さんのアソコ、すごくいい……ぼくたち、ぴったりですよ！」

「あああ、いけない……奥様がいらっしゃるのに……！」

この期に及んで、とも思いましたが、前時代的な非難の言葉が背徳感をあおり、私は暗い悦楽を覚えました。

ピストンを始めました。

「ああっ、ああっ、さかっ……坂下さんっ、すごく、いいですっ！」

揺れに声を割らせながら、野田さんも性の喜びを否定はしませんでした。

前後に腰を揺らしながら、私は周囲を見渡しました。

いつもは大勢客のいる、見慣れた店内。料理のにおいも濃厚に残っています。

腰を打つたび、パンパンとここで出てはならない音が客席に響きました。

そんなところで不倫セックスをしているという強い罪の意識がわきましたが、それ自体も性欲の高まりを煽っていました。

「野田さんっ、最高ですっ！　ぼくたち、相性ピッタリなんだ！」

「ああっ、坂下さんっ、いつでも、いらしてっ！　あああっ」

渾身の力で野田さんのお尻を打ち据《す》え、私は射精しました。

「出ました、全部……このお店で、いちばんおいしい料理は、野田さんです」

息も絶えだえに、思い返すと失笑モノのセリフを吐いていました。

「ああ、こんなところで……でも、よかった。すごく……」

結局、その日私は、仕事は半休をとり、裸のまま二階の野田さんの自宅に行って夕方の仕込みが始まるまで、時間をかけて二回戦に及びました。

あれから一カ月、いまでも週二程度で、午前の営業後に客席セックスをしています。妻に残業だとウソをつき、午後の営業後に終電までヤッたことも二度ありました。お互い手際もよくなり、私も厨房の片づけの手伝いをすることもありました。私たちの時間は限られていて、誰にも知られないよう、秘めやかながら、命懸けの工夫です。

妻を愛していますが、それとこれは別でした。

出張だと言って、お店の定休日に小旅行に行こうかと、いまは相談しています。

誤配された荷物を正しい宛先にお届けし中身の「大人のおもちゃ」でお手伝いを

高橋和毅　飲食店勤務・三十六歳

私は飲食店勤務のため、平日が休みです。その日も共働きの妻は仕事に行っていて、私は一人でマンションの部屋にいました。すると昼下がりに宅配便が届いたんです。どうやら妻がネットで注文したもののようでした。

サインをして受け取りましたが、妻が何を買ったのか気になり、開けてみると、中には大人のおもちゃが入っていました。それは芸能人が不倫相手と使っていたといって話題になった、クリトリスを吸引するタイプの大人のおもちゃです。

妻とはもう一年以上セックスはしていませんでした。私に相手にされないものだから、溜まった性欲をこんなもので解消しようとしているのかと思うと、少し申しわけなくなってしまいました。

でも、勝手に荷物を開けたことがバレたらキレられてしまうと思い、もう一度きれいに梱包し直そうとして、宛名が妻ではないことに気づきました。それは上の階の部屋の奥さん宛てだったんです。宅配業者が部屋をまちがえ、私もよく確認もしないで受け取ってしまっていたのでした。

上階の奥さんはすごく色っぽい美熟女です。マンションの廊下で顔を合わせたときなどに挨拶を交わす程度でしたが、ゴミ出しのときでも妻のようにスウェット姿でうろちょろすることもなく、いつもきれいな格好をしている女性でした。

年齢は四十代前半ぐらいですが、子どももいないようで、そのせいか所帯じみたところがなく、女性としての魅力に溢れているのです。それに胸もお尻も大きくて、男ならむしゃぶりつきたくなるようなグラマラスな体をしているのでした。

その奥さんが大人のおもちゃを購入していることが驚きでしたが、どこの家庭も同じで、長くいっしょに暮らしていたら、夫婦でセックスしようという気にはならないのでしょう。

少し気まずかったですが、誤配達された荷物をこのまま自分の手元に置いておくわけにはいかないので、私はその荷物を持って上階の部屋を訪ねました。

チャイムを鳴らすと、すぐにインターフォンから奥さんの声が聞こえました。

「はい。どちらさまでしょうか？」

「五〇三の高橋《たかはし》です。実は中山《なかやま》さん宛ての荷物がまちがってうちに配達されて、ぼくもそれに気づかずに受け取ってしまったんです」

私がインターフォンに向かって言うと、すぐにドアが開いて奥さんが顔を出しました。部屋にいたのに、いつものようにきれいな服装をしていました。

それを見て、こんな上品な奥さんがクリトリスを吸引するタイプの大人のおもちゃを使いたいと思っているなんて、と私は股間が少し反応してしまいました。

「それ……ですか？」

そうたずねられ、エッチな妄想をしていた私はあわてて荷物を差し出しました。

「あ、そうです。これです」

荷物を受け取った奥さんの顔が急に真っ赤になりました。

「……ひょっとして開けました？」

「すみません。妻宛ての荷物だと勘違いして……ほんとうにすみません！」

「いいえ。いいんです」

奥さんはそれだけ言うと、恥ずかしそうにうつむいてしまいました。

二人の間に奇妙な緊張感が走りました。荷物を渡したのだからもう自分の部屋に戻るべきだと思いながらも、どうにもその場を立ち去りがたくて……。

そして私は、どうしても奥さんの肉感的な体をじろじろ見てしまうんです。すると股間が痛いほどに勃起していき……。

そのとき、私は気がつきました。うつむいていると思っていた奥さんは、実は私の股間をじっと見つめていたのです。そして私のその部分は、ズボンの上から見てもわかるぐらい、力をみなぎらせているのでした。

「届けていただいたお礼にお茶でもいかがですか？」

奥さんは不意に顔を上げて言いました。その顔は、まるで風呂上がりのようにほてっているんです。

ヤレる！　と私は心の中で叫びました。平日の昼間なのでおそらく旦那さんは仕事で留守でしょうから、断る理由はありません。

「いいんですか？　では、遠慮なく」

私は奥さんに続いて部屋に入り、リビングのソファに座りました。

そして奥さんはキッチンへお茶を入れにいったのですが、例の荷物はリビングのテーブルの上に置きっぱなしです。それを見て奥さんからのメッセージを読み取った私は、箱を開けて大人のおもちゃを取り出し、使い方を確認しました。

そこに奥さんがお茶をトレーにのせて戻ってきました。ここは男である私が積極的にいく必要があります。

「奥さん、このタイプのものは使うのは初めてですか?」

「……はい。普通のバイブなら持ってるんですけど」

恥ずかしそうに言う奥さんの姿に、私はますます興奮していきました。

「じゃあ、ぼくが手伝ってあげますよ」

「はあああん。ぜひ、お願いします」

奥さんはもう自分を抑えきれないといったふうに、ソファに座っている私に抱きついてきました。やわらかな乳房が私の体にむにゅむにゅと押しつけられるんです。それは想像以上のボリュームでした。

すぐにでも襲いかかりたい気持ちになりましたが、私は必死に我慢しました。それにはもちろん考えがあったからです。

「ダメですよ、奥さん。ぼくたちは二人とも既婚者なんですから。ぼくはただ、このおもちゃを使うのを手伝うだけです」

「あああん、そんなぁ……」

奥さんは不満げに唇をとがらせました。その唇にキスしたい思いを必死に抑えて私はソファから立ち上がり、奥さんを見おろしました。

「パンティをはいたままじゃ、このおもちゃは使えません。さあ、早く脱いでください。脱がないなら、ぼくはもう帰りますよ」

「……わかりました。脱ぎます。だから帰らないでください」

そう言うと奥さんはパンティを脱ぎ、それをソファの横にポトンと落としました。パンティの股布部分の色が変わっているのがわかりました。それぐらい、もうアソコが濡れているということです。

「さあ、奥さん、もっと浅く腰かけて、両膝を抱えてみてください」

「えっ……でも、こんな明るい場所で……」

「暗かったら、どこに当てたらいいかわからないじゃないですか」

私はおもちゃを手に持ってスイッチを入れました。ポッポッポッポッ……とリズミカルな音が聞こえます。その音を聞いて、奥さんは快感の予感に襲われたようです。素直に浅く座り直して両膝を抱えてみせました。

「おおお……」

私は思わず溜息をつきました。なにしろ上品な美熟女の恥ずかしい場所が丸見えなんです。しかもそこは、すでに愛液にまみれて、肉びらがまるでナメクジのようにうごめいているのですから。

私は奥さんのオマ〇コと顔を同時に見たくて、床の上に座り込みました。

「あっ……いや……そんなところから見ないで。恥ずかしいわ」

恥ずかしそうに言いながらも、奥さんは両膝を抱えた体勢をとりつづけます。そしてオマ〇コがヒクヒクうごめいているんです。それは、見られることで興奮しているからです。

奥さんがよろこんでいることを確信した私は、さらなる要求をしてみました。

「オマ〇コはドロドロになってるけど、クリトリスは皮をかぶったままですね。これじゃ、おもちゃの効果が発揮できないから、自分で皮を剝いてくださいよ」

「えっ……そんな……」

「いやなんですか？　それなら仕方ないですね」

私が立ち上がるふりをすると、奥さんはあわてて言いました。

「わかったわ。剝くから……皮を剝くから……」

そして股間を突き出したまま、自分でクリトリスの少し上のほうを押さえるようにして皮を剝いて見せてくれました。

奥さんのクリトリスはきれいなピンク色で、パンパンにふくらんでるんです。

「もう勃起してるんじゃないですか？」

「恥ずかしいぃ……あああん……」

その言葉に合わせて膣口がきゅーっと収縮し、わき出た愛液がお尻の穴のほうへと流れ落ちていきました。

まだ指もふれていないのにこの反応です。よっぽど欲求不満が溜まっていたのでしょう。もっとじらして反応を見てみたい気持ちもありましたが、私も猛烈に興奮していて、そんな余裕はありません。

「しょうがないから、これを使って気持ちよくしてあげますよ」

私はスイッチを入れた大人のおもちゃを奥さんの股間へと近づけていきました。

そして、吸引口をクリトリスに押しつけたんです。

「あっひぃぃぃ！」

いきなり奥さんは奇妙な声を出し、ヒクヒクと腰をふるわせるんです。

「すごいですね。そんなに気持ちいいんですか？」

あまりにすごい反応に驚きながらも、私はさらにおもちゃをクリトリスに押しつけつづけました。

「あああっ……ダメ……あああん……気持ちいい……はあぁぁん……」

クリトリスをおもちゃに吸われながら、奥さんはアソコからエッチなお汁を溢れさせます。それを見ていると、私の股間は痛いほどに力をみなぎらせていきました。

しかも奥さんは、上半身はきちっと服を着たままで、陰部だけが剝き出しなんです。その姿はエロすぎます。そして上品な顔を快感にゆがませ、奥さんはあっさりとエクスタシーへと昇りつめていきました。

「ああぁ、ダメ、イク……イクイクイク……あっはあぁん！」

奥さんは腰をビクン！　と激しくふるわせました。その勢いはすごくて、私の手の中からおもちゃを弾き飛ばしてしまうほどでした。

それを拾い上げてスイッチを切ってから奥さんのほうを見ると、大きく股を開いたまま、ソファの上でぐったりしているんです。

割れ目は愛液まみれで、クリトリスはさっきよりもさらにパンパンにふくらんでいます。それを見て、私はもう我慢できなくなってしまいました。

「そんなに気持ちよかったんですか？　でも、クンニならぼくも負けませんよ」

私はそう言って奥さんの股間に顔を埋めました。そして陰部をベロベロと舐め回し、ズズズ……と音を立てて膣口から直接愛液をすすり、最後にクリトリスを口に含みました。

「あっはあああん……ダメ……気持ちよすぎちゃう」

エクスタシーに昇りつめたばかりで敏感になっていたのでしょう。クリトリスをただ口に含んだだけで、奥さんはソファの上で体をのたうたせるんです。私は奥さんの太腿を抱えるように持ち、舌先を高速で動かしてさらにクリトリスを舐め回しつづけました。すると奥さんはすぐに、

「ああん、またイク〜！」

と絶叫したと思うと、失神したようにぐったりしてしまいました。

「……奥さん、おもちゃとぼくのクンニ、どっちが気持ちよかったですか？」

私がたずねると、奥さんは焦点が合っていない目をこちらに向けて、溜息のような声で言いました。

「あなたのクンニのほうが何倍も気持ちよかったわ。ねえ、私もあなたを気持ちよくしてあげたいの。いいでしょ？」

奥さんはソファからずり落ちるようにして床に降りると、私の腰のベルトをはずしはじめました。もちろん私が拒否するわけがありません。奥さんが脱がしやすいようにと、その場に立ち上がってあげました。

奥さんは獣のように息を荒くしながらズボンとブリーフを引っぱりおろしました。すると自分でもあきれるほど大きくなったペニスが飛び出したんです。

「あああん、すごいわ」

奥さんは膝立ちになって両手をそっと私の太腿に添えて、ペニスの根元から先端にかけて舌先をすべらせました。

「ううっ……」

舌先がカリクビのところを通過した瞬間、強烈な快感が体を駆け抜け、ペニスがピクンピクンと身震いしてしまいます。

「ああ、なんて元気なのかしら」

うれしそうに言うと、奥さんはペニスを手前に引き倒し、亀頭をパクッと口に含みました。そして口の中の粘膜で締めつけながら、首を前後に動かすんです。

その様子はほんとうに飢えた獣のようで、相当欲求不満が溜まっていたのだなと伝わってくるんです。

「おっ……奥さん……。奥さんのフェラ……すごく気持ちいいんですけど、それよりももっと違う場所で……」

「……違う場所？」

ペニスを口から出して亀頭に軽く唇をふれさせたまま、奥さんはうるんだ瞳で私の顔を上目づかいに見上げるんです。

その様子は色っぽすぎます。私はいきなり奥さんに襲いかかり、カーペットの上に押し倒して唇を重ね、口の中に舌をねじ込んでしまいました。

すると奥さんも舌を絡めてきて、ぴちゃぴちゃと唾液が鳴るんです。

私は同時に奥さんのオッパイを服の上からもみしだきました。おそらくFカップはあるだろうと思える巨乳は、すごくもみがいがあるんです。

だけど服の上からだと物足りません。

「奥さんの裸を見せてください」

私は奥さんの服を脱がしはじめました。

「えっ、そんな。こんな明るい場所で。いや。やめて」

言葉では抵抗しながらも、実際はまったく抵抗しません。奥さんもそうされることを望んでいるのです。

そしてすぐに奥さんは一糸まとわぬ姿になりました。四十代のはずですが、まだ肌の張りもあり、色も白くてすごくきれいな裸です。

私も服をすべて脱ぎ捨てて、奥さんの体にむしゃぶりつきました。

両手で乳房をわしづかみにし、左右の乳首を交互に吸って、そのまま下のほうへと舐めおろしていきました。そして、さっきおもちゃで責めてあげたクリトリスを舌先で転がすように舐め回しました。

「ああ、ダメ。はあぁん！　またイッちゃううう！　あっはああん！」

すでに一回イッたばかりで敏感になっていたのでしょう、たったそれだけの刺激で、奥さんはまたエクスタシーに達してしまったのでした。

もうこれ以上の前戯は必要ありません。私はそり返るペニスを右手でつかみ、奥さんにおおい被さりました。

「奥さん、いまからこれで、あんなおもちゃなんかとは比べものにならないぐらい気持ちよくしてあげますよ」

「あああん、うれしいわ。あなたのオチ〇チンで気持ちよくしてぇ」

卑猥な言葉で催促された私はもうじらすこともできずに、ペニスを挿入しました。奥さんのオマ〇コは温かくてヌルヌルしていて、すごく狭くて最高に気持ちいいんです。

しっかりと根元まで挿入してから私はゆっくりと引き抜いていき、完全に抜けきる手前で止めてまた押し込んでいき……ということを繰り返しました。そのゆっくりとしたストロークに合わせて、奥さんの口からは喘ぎ声がこぼれます。

「はあぁぁぁん……あっはあああああん……はあぁぁぁん……」

私が腰の動きを速くしていくと、その声が徐々に小刻みになっていきます。そして奥さんの口から悩ましい絶叫が迸りました。

「ダメ、ダメ、ダメ……あああん、もうダメ。またイッちゃううう!」

奥さんは私を押しのけるようにして体を丸めてしまいました。

「またイッたんですか? 奥さん、エッチですね。さあ、今度はエッチなお尻を見せてくださいよ」

私は奥さんの腰をつかんで、引っぱり上げるようにして四つん這いにしました。するとと大きなお尻が私のほうに向かって突き上げられて、オマ○コもお尻の穴も丸見えなんです。

「すげえ……! 奥さんみたいな上品な美人は、動物みたいにバックから犯すのが最高なんですよ。ほら、入れますよ」

ぬかるみに亀頭を押しつけると、今度も簡単にすべり込んでしまいました。その瞬間、お尻の穴がきゅーっと収縮するんです。

エロすぎる眺めに興奮しながら私は腰を前後に動かしはじめました。

奥さんのお尻と私の体がぶつかり合って、パンパンパン……と拍手のような音が部屋の中に響き渡ります。

気がつくと私のペニスは奥さんの本気汁で真っ白になっていました。それがピストン運動でこそげ取られるようにして、奥さんの土手肉に溜まっていくんです。

「すごいですね！　奥さんのマン汁、すごく濃いですよ」

「あああん、いや……はあああん……恥ずかしい……あああん……ダメ……ああああん、またイキそうよ。ああああん」

奥さんは顔をこちらに向けて悩ましい声で言うんです。大きなお尻とそこに抜き差しされるペニス、そしてほてった美熟女の顔を同時に見た瞬間、私はもう射精の予感に呑み込まれてしまいました。

「あ、ダメだ。もうイク！」

大あわてでペニスを引き抜いた瞬間、亀頭が勢いよく跳ね上がり、マン汁をまき散らしました。その直後、今度はペニスの先端から濃厚な精液が噴き出し、それが奥さんのお尻から背中にかけて飛び散ったのでした。

それ以降、仕事が休みの日は、午前中から妻が帰ってくる時間までずっと、私は中山さんの部屋で奥さんとセックスしまくっているんです。あのとき、荷物をまちがって届けてくれた配達員には、いくら感謝しても感謝し足りません。

上司の当たりがやたらきつい古株ＯＬ退職の際、かばってくれたお礼にと……

片山芳樹　会社役員・六十歳

これは私が大学を卒業して初めて就職した会社での出来事です。同じ部署に女性が一人いました。いまでも名前をよく覚えています、笠原由美子《かさはらゆみこ》さん、三十代後半の既婚女性でした。

当時はまだ男女平等の考え方などなくて、女性の仕事はお茶くみとコピーとりだと思っている男性社員も多い時代です。由美子さんも誰よりも先に会社に行ってお湯を沸かしてお茶の準備をしていました。かといって、職場の花といえるほどの年齢でもないので、周りにちやほやされるわけでもありません。あまり笑顔を見たこともなく、何が楽しくて会社に来てるんだろうと思っていました。

それにもかかわらず会社を辞める様子はなく、みんな由美子さんのことをなんとなく大切にしていました。新人の私には、そんな由美子さんの存在がちょっとした謎でした。確かに二十代のころは美人だっただろうと思わせる容貌《ようぼう》でしたが、しかし誰かが手を出そうとするわけでもありません。

特に、その部署の部長はとても厳しく、というよりも性格が悪く、男の社員からも嫌われていましたが、笠原さんに対しては特に態度が悪くて、みんなの前で露骨にいじめたり叱ったりしていました。

お茶がぬるいとか、コピーのとり方がヘタだとか、部長の言うことはどうでもいいようなことばかりでしたが、由美子さんは言われるたびに、申しわけありませんと両手を揃えてていねいに頭を下げていました。とても辛抱強い人だと思っていました。

なんだか気の毒になり、それでも誰も何も言わないので、そのうち私が笠原さんを慰《なぐさ》めるようになり、ときには、みんなの前で笠原さんをかばうこともありました。でも、ほかの社員たちは、そんな私の態度を見ても知らんぷりです。私が一人で由美子さんを守っているような雰囲気でした。

それでも、私にとっては最初に就職した職場だったので、世の中というのはそういうものかと、割り切るしかありませんでした。

ところが、三年ほどして笠原さんがついに会社を辞めることになりました。義母の介護のためだということで、ささやかな送別会が行われました。

送別会の席で、部長がまた笠原さんに何かいやなことでも言うのではないかと思い、私は身構えていたのですが、特に何事もなく普通の飲み会という雰囲気で、特に由美子さんをねぎらうという気分でもなくて、なんだか中途半端な雰囲気だったのをよく覚えています。ところが、最後の最後に、思ってもなかったことが起こりました。由美子さんが私にそっと耳打ちしたのです。

「いつも私のことをかばってくれてありがとう。うれしかった」

そう言ってテーブルの下でギュッと手を握られたときには、ああ、由美子さんもわかっててくれてたんだと思い、私もうれしくなりました。

でも、そのあと、さらに続きがありました。

「今夜は最後だから、あなたにお礼がしたい」

そう言われたのです。そして無理やり連れていかれたのは、ラブホテルでした。え、お礼というのはそういうことなのか。私は唖然《あぜん》としました。当時はまだ童貞だったのですが、こんなかたちで由美子さんと初めてのセックスをするのだろうかと、ちょっととまどってしまいました。

しかし、それはとんでもないまちがいでした。予約してある部屋には先客がいたのです。部長でした。部長はパンツ一枚の姿で大の字になってベッドに縛りつけられていました。私の顔を見るなり目を丸くして情けない声で言いました。

「か、片山君《かたやま》、どうしてきみがいるんだ？」

「今夜は最後だから、お客さんを連れてきたよ」

冷たく言い放つ由美子さんの声は、いままで聞いたことがないくらいにクールで、思わず顔を見ました。いつもはおとなしくて人のよさそうな三十路《みそじ》女性なのに、そのときは妖艶《ようえん》でセクシーな顔だったのをはっきり覚えています。

由美子さんは、実はたいへんなS女性だったのです。そしてそんな彼女が何年もの間、奴隷のようにかしずかせていたのが部長でした。二人とも結婚しているのですが、週に一度か二度はそんな変態的なプレイをしていたそうで、だからこそ部長は由美子さんを大切にし、長年にわたって会社に勤めさせていたのです。

「片山君、頼むから見ないでくれ」

「何言ってるの。若い新人社員の前でみっともない姿を見せるのよ。あなたのほんとうの姿を見せてあげることが、私から片山君へのお礼なんだからね」

部長が懇願しても由美子さんは冷たく言い放ち、パンツをずりおろしました。部長のイチモツは半萎《な》え状態で、私はそんなもの見たくないと思って目をそむけそうになりました。ところが、

「片山君、見ててくれる？　これが部長の正体なんだよ」

そう言って由美子さんはベッドに上がり、素足で半萎えのイチモツを踏んだりいじくったりしました。あの由美子さんがそんなことをするなんて信じられません。でも、もっと信じられないのは、足で責められたイチモツがみるみるうちに勃起してきたことです。由美子さんはツボを心得ているようでした。いきりたったサオを足指で踏みつけられ玉袋を蹴られているうちに、由美子さんの足が部長の先走り汁でぬるぬるしてきました。そんな部長は見たくないという思いと、そんなことをして喜んでいる由美子さんのことは見ていたいという思いとで、私は葛藤《かっとう》していました。

由美子さんは濡れた足指で部長の顔を踏みつけ、むりやり口に突っ込んで舐め

させました。そうなると、さっきまでは私に見られて恥ずかしそうにしていた部長も、もはや諦めたようで、由美子さんの足指をおいしそうにしゃぶっていました。それを見おろしながら由美子さんは芝居がかった声で言いました。

「ふふふ、ザマないね。さあ、もっと楽しみましょう」

そうして、まったく想像もしていなかったＳＭショーが始まったのです。

大の字になった部長をさんざんなぶった由美子さんは、今度は自分が全裸になりました。ふだんのおっとりした顔からは想像できないような見事な体型をしていたのを覚えています。見事に盛り上がった乳房、その先端の乳首は多少の色素沈着があるもののツンと上を向いていました。陰毛は薄くて卑猥な割れ目が透けて見えていて、お尻は大きく突き出ていて挑発的でした。こんな見事な肉体をした女性が毎日私たちのためにお茶を淹れていたのかとびっくりしました。

「部長はね、ナメナメがとてもじょうずなんだよ。見ててね」

由美子さんは部長の顔に跨ると、部下の前であなたの大好きなクンニをさせてあげるからありがたく思いなさいねと命令しました。

信じられないことに部長は、「ありがとうございます」と言ってそこに顔を押しつけて夢中で舐めはじめました。ビチャビチャという音が部屋に響いていました。

「どう？　おいしい？」

「はい、由美子様のお汁、とてもおいしいです」

「片山君にもちゃんと教えてあげて」

「片山君、由美子様のここのオツユはとても甘くておいしいんだ。私はいつも心行くまで楽しませてもらってるんだ。ああ、クリトリスも勃起してる。ここもとてもおいしいんだよ。ここを舐めるだけで私も発射しそうになるんだよ」

確かに部長のイチモツはさっきよりも力強くいきり立っていました。

「勝手に射精したら許さないからね。もっともっと好きなものをあげるから、我慢してるんだよ。わかった？」

「ああ、は、はい、由美子様」

さらに部長が激しくそこを舐め回すと、由美子さんも上擦った声になってきて、そのままイキそうでした。え？　あの由美子さんが…と思っていると、そのまま部長の顔に股間をおおいかぶせるようにして下半身をブルブルさせながら達してしまいました。と同時に、「ああ、出るよ……」とひと声あげたのです。

「ほら、ごほうびあげるから全部飲みなさい」

「はい、いただきます」

そして信じられないことに由美子さんは、部長の口の中に直接放尿を始めたのです。部屋の中にすっぱいおしっこのにおいが広がりました。部長はジョロジョロと口に注がれるおしっこをゴクゴクと喉を鳴らしながら飲んでいます。ピンと勃起したイチモツの先端は濡れ光っていました。

それは信じられない光景でした。いつもはだれかれかまわず威張り散らし、部下のことなどなんとも思わない横暴な部長が、毎日社員のお茶を淹れてる由美子さんのおしっこをうれしそうに飲むなんて想像もしていませんでした。

部長がおしっこを飲み終わると、由美子さんは勃起したペニスを確かめました。

「あら、よく我慢したのね、いつもは私のおしっこ飲みながら射精するんだよ。ほんとうにこらえ性のない最低男でしょう？ 片山君、これが部長の正体なの」

由美子さんがそう言うのを聞いて、そうか、これが由美子さんから私への御礼なのだ、部長とのこんなあさましい関係を披露することでぼくに感謝の気持ちを示しているのだと感じました。

そして、もっとショックなことがありました。

目の前のそんな光景を見ながら、私自身も激しく勃起していたのです。自分でも何がなんだかわかりませんでしたが、ともかくズボンの前がすっかり盛り上がっているのに気づいて、思わず前を隠していました。

「あれ、片山君、もしかして勃起してるの?」

由美子さんは目ざとくそれに気がついたようです。ニヤニヤしながら私の下半身を見おろし、自分の唇を舐めました。それを見てますます私は興奮しました。

由美子さんが最初からそのプレイに私を巻き込むつもりだったのか、それはよくわかりません。でもいま思い返せば、私は由美子さんに招かれるようにして、そのプレイに参加していたのです。

ベッドに縛りつけられた部長が見ている前で、私は由美子さんにキスをされました。舌で口の中をかき回されるような濃厚なキスでした。見た目は普通のおばさんの由美子さんのそんなキスに、私はひどく興奮してしまいました。

それから服を脱がされて全裸になった私は、フェラの洗礼を受けました。

「ああ、見て。片山君のイチモツ、こんなに立派よ。さすが若いだけあるわね。

あなたのヘナチョコよりもよほどしゃぶりがいがあるよ」

そう言いながら部長に見せつけるようにしてぼくのペニスに舌をからませ、唇でしごき上げてきます。そのときセックスの経験のなかった私には、まさに天国でした。一人でするときよりもたくさんの先走り汁が溢れてるのがわかりましたが、由美子さんは、「ああ、おいしい」と言いながら、それも舐め回しました。

さらには太腿の間にもぐりこんでタマタマまでしゃぶり、それを口に含んで転がしたりしました。どれをとっても気持ちよくて、部長の目線を意識しながらも、つい声が出てしまいました。さらには舌先がアナルまで這い回り、そこを思いきり刺激されると、立っていられないくらいに感じてしまいました。

「おいしい、片山君のペニスもお尻も全部おいしいよ」

「やっぱり由美子様は若い男がいいんですね」

部長がくやしそうにうめき声をあげました。私は自分がどんな顔をしていればいいのかわからずとまどっていましたが、由美子さんは笑いながら、

「あたりまえでしょう、これであなたの変態ペニスとお別れかと思うとうれしいわよ。ねえ、片山君、私にもしてくれる?」

それから今度は私が由美子さんにご奉仕する番でした。

ベッドに横たわっても由美子さんの乳房は形が崩れることなくきれいなおわん型でした。由美子さんに言われて、私はその肉体を舐め回したのです。生まれて初めて味わう女性の体はとてもおいしいものでした。想像していたよりも柔らかくて、でもそのくせ乳首はツンと硬くとがっていました。そこを夢中でしゃぶっていると、由美子さんは、ふだんの姿からは想像もできないようなセクシーな声で反応しました。

さらに股間に顔を移動させ、その部分にも舌を這わせました。薄い陰毛におおわれた女性器はすぐにわかりましたが、でもそこに舌を差し込むと思ったよりも複雑になっていて、最初のうちはどこをどうすればいいのかわかりませんでした。

そんな私に由美子さんは、クリトリスや尿道の場所を教えてくれました。

「その下にあるのが女性のアナ、男のアレを挿入するところよ。片山君も入れてみたい？　女とハメハメしてみたいかな？　この男はね、挿入させてあげると、自分だけヒイヒイ喜んですぐに射精してしまう早漏野郎なのよ」

「ああ、ひどい。そんなこと言わないでください」

部長の情けない声を聞きながら、私は生まれて初めてクンニリングスを経験しました。そこはもうねっとりした液体が溢れ、私の顔は愛液にまみれてドロドロになりましたが、それでも一所懸命に舌を動かしました。由美子さんはそのうち大きな声を洩らし、「片山君、じょうずよ、この変態部長よりずっと気持ちいいよ、あなた、素質あるわよ」などと言ってくれました。部長の前でそんなことを言われるのは、けっして悪い気分ではありませんでした。

それにしても、いつもは厳しい部長が縛られていて、その横で女性の股間を舐めるなんて、いま思い返してもとんでもない経験です。確かに部長のことはたいして好きではないし尊敬もしていませんでしたが、だからといって、こんなことを望んでいたわけでもありません。ましてや、部長にとってはおそらく寵愛《ちょうあい》の対象だった由美子さんをクンニするなんて、ちょっと頭が混乱しそうでした。

それでも由美子さんが本気で感じはじめて、声が昂ってくると、私のほうもだんだんその気になってきて、ともかく由美子さんのことを満足させてあげたいと思うようになっていました。きっと由美子さんにしてみれば、下っ端の私に舐められて感じている姿を部長に見せつけることが、一つのプレイだったのでしょう。

部長はとてもいやがっているように見えたのですが、そうではなくて、内心ではその状況を楽しんで興奮していたのだろうと思います。

ともかく、その夜のプレイに私は欠かせない存在なのだということがだんだんわかってくると、私のほうも少しずつ楽しむ余裕が出てきました。

女性器の構造も理解してきて、どこをどう舐めれば由美子さんがいい声をあげるのかがわかってきて、舌の動きもなめらかになってきました。そのうち由美子さんは、ついに我慢できなくなったようです。

「ああ、もうダメ。ねえ、あなたが見てる前で片山君に入れてもらうからね。見ててよ、あなたの部下にハメられてる私の姿」

「いやだ、やめてください。それだけはカンベンしてください」

そう言いながらも部長の声はどこかうれしそうでした。

「そんなこと言ってもダメよ。あなたに見せつけながら、片山君のガチガチのペニスを楽しむんだからね。どう？　私を下っ端の平社員に奪われる気分は」

「つ、つらいです。ほんとうにやめてください！　お願いします」

「つらいなんて言いながら、あなたのモノはビンビンにおっ立ってるじゃない。

私と片山君がハメ合うと思うと興奮するんでしょ？　ほんとに変態なんだから」

「違います。興奮なんかしてません」

「じゃあ、これはいったい何なのよ？」

由美子さんは指先でそれをピンとはじきました。部長は情けない声をあげましたが、いやがってるのではなく喜んでいるのがわかりました。

「いい？　しっかり見てるのよ。これが私からあなたへの最後のプレゼントなんだからね。ありがたく思うのよ」

「ああ、つらいです、許してください」

私は部長と並んであおむけに寝かされました。いまと違って若々しかったので、男性器は完全に上を向いて勃起していました。

由美子さんは私の体を跨ぐと、男性器を握りしめて、その先端で自分のアナの入り口をこすりました。

「ほら、入れるよ。あなたの部下のアレを挿入するからね」

「やめてください、お願いです！」

部長の頼みもむなしく、由美子さんは腰を沈めてきたので、私のモノはずっぽりと由美子さんの中におさまってしまいました。童貞を失った瞬間です。自分は童貞喪失の場面を上司に見られたのです。考えてみれば、おかしな初体験です。

ともかく、若々しい私のモノを味わうようにして、由美子さんは腰を動かしはじめました。女性器の中はとても窮屈でそのくせ柔らかくて、とても気持ちよかったのを覚えています。由美子さんは、「気持ちいいよ、片山君のペニス最高だよ、いいところを突いてくるよ」などと言いながら部長を挑発していました。部長のほうも、「やめてください、由美子様、お願いです、私のことも犯してください」などと恥ずかしいことと叫んでいたのですが、お互いにそうやって楽しんでいるのだということもだんだんわかってきました。

でも、そのうち由美子さんも余裕がなくなってきたのか、お尻を振ることに集中しはじめました。前後左右に動かして、いいところに当てています。

「ねえ、片山君、すごくいいよ。あなたのって、すごいよ。部長のより大きいし硬いし、いちばんいいところに当たってる。ああ、たまんないよ」

私を見おろし、ときには濃厚なキスで舌を絡めたり、唾液を飲ませてきたりしながら、由美子さんはどんどん昂ってきました。もちろん私のほうも本気で感じてきて、もういつでも射精できるところまで追い込まれていました。

「ほら、見てごらん。あなたの部下のアレが私の中に刺さってるでしょ？　私、これからこのペニスでイカされるよ！　見て、若いペニスでイクところを！」

そう言って由美子さんは、もう夢中になって腰を上下させピストンしました。グチョグチョという音が部屋中に響いていました。エロ漫画などではよく見るけど、ほんとうにこんな音がするんだなあと思いました。

部長は縛られたままで頭を上げて、私と由美子さんの結合部分を見ていました。間抜けなM男の顔でした。きっと部長はいま、すごく興奮してるということがわかりました。それは二人にとって最高のプレイだったのだと思います。

由美子さんの上下運動はどんどん速くなってきました。もちろん私はすぐに発射しそうなのを必死でこらえていました。しかし、やがて由美子さんはもう限界に達したのか、いきなりお尻をブルブルさせると、

「イクイク！」

と叫びました。その瞬間、私の脳裏には、ふだんおとなしそうな顔をしてお茶を淹れたりコピーをとったりしている由美子さんの顔が浮かび、それが最後の引

き金になりました。

童貞喪失のセックスは、由美子さんの中への大量射精で果てました。女性の中に発射することがあんなに気持ちいいものとは思いませんでした。ペニスはもちろん全身がしびれてジンジンしてきて、もう最高の快感だったのを覚えています。

気がつくと、部長も射精していました。ただ見てるだけで出してしまうなんて、そんなことがあるんだと初めて知りました。

かなり倒錯的ですが、これが私の初体験です。思いがけない人を相手にして初めて女性との挿入体験をして、しかもそれを部長に見られるという、かなり稀有《けう》な体験をしてしまいました。その後私は、ふつうに恋をしてふつうに結婚して、人並みの性生活を送ってきたと思います。

でも、人生を振り返ってみると、あのときほど印象深い出来事はありません。あれを超えるセックスはなかったと思っています。もちろん、いまの妻には内緒です。ただ、この年になり大切な思い出である出来事を、こうして文字にして残しておきたくなったので書きました。由美子さんがいまどこでどうしているかは知りませんが、幸せな人生を送っていてくれるといいなあと心から願っています。

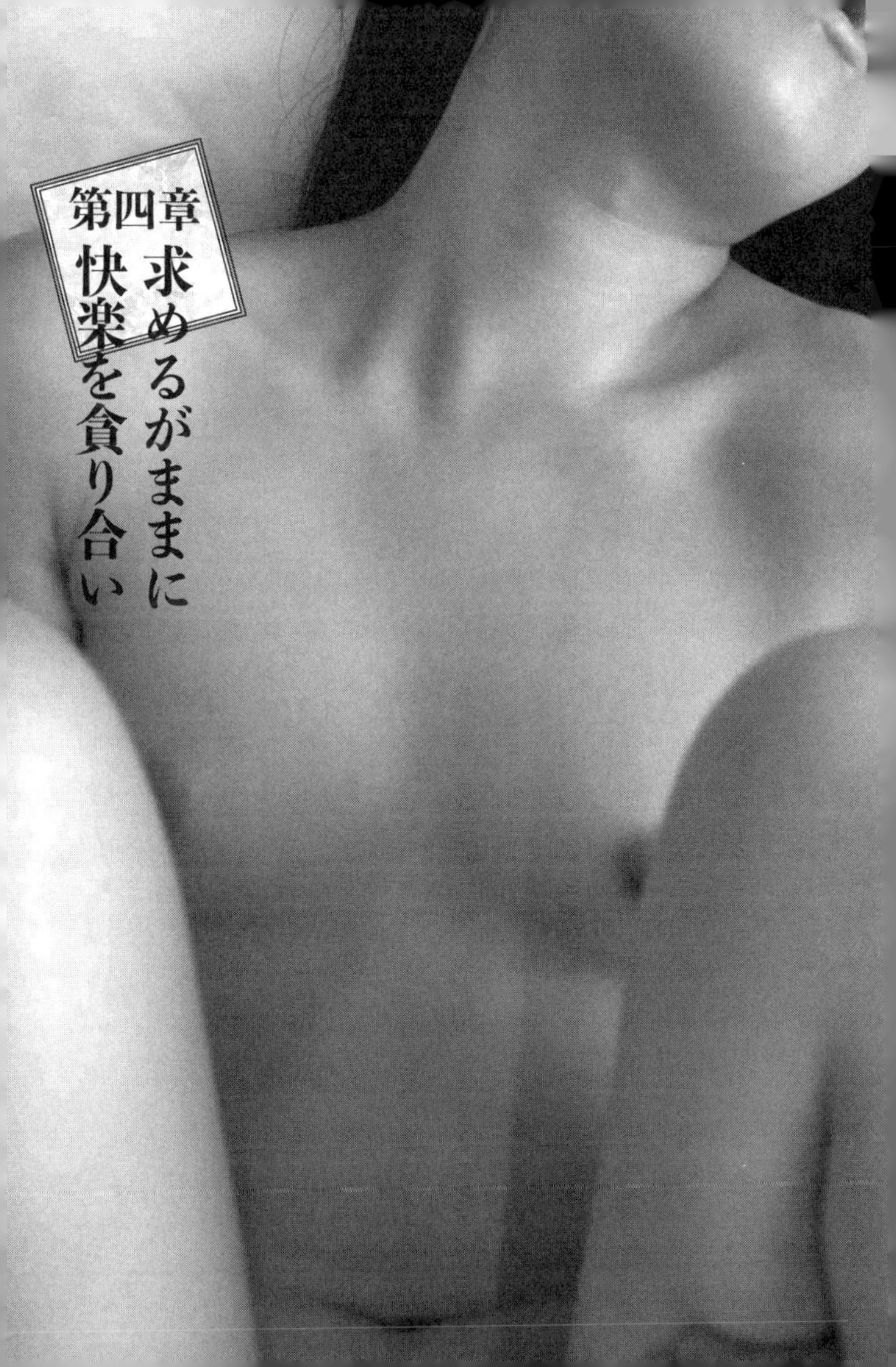

第四章　求めるがままに快楽を貪り合い

ワケあり同士で鉢合わせたご近所妻にねっとりと執拗に責め立てられて……

中本慎之介　会社員・四十二歳

三十代の妻と二人の子どもがいます。

夫婦仲も円満だし、特に不満があるわけでもありません。それなのに、一年前から会社の二十代独身女性と不倫を始めてしまいました。

きっかけは些細《ささい》なことでした。飲み会の帰りに冗談交じりで誘ってみたら案外あっさりと応じてくれたのです。

酔っていた勢いもあり、ラッキーだなくらいの軽いノリで一夜限りのお遊びのつもりでした。

けれど、スケベ心でもう一回だけ、なんて逢瀬《おうせ》を繰り返しているうちにズルズルと一年も続けてしまっているのです。

彼女は社内でもかわいいと評判で、狙っている男はたくさんいます。それなのに、よりによって家庭持ちの私なんかを慕《した》ってくれたわけです。

それは男としての自信にも繋がりましたし、なによりも手放すのが惜しいほどいい体をしているのです。

残酷な言い方をすれば、三十代半ばの妻と比べると、まさに女の旬と言った感じです。

みずみずしく張り詰めた皮膚のさわり心地も、ツンと上を向いたおっぱいも、ぷりぷりのお尻も、すべてが魅惑的でした。

さらに彼女は感度がよくて、教え込むうちにどんどんエッチになってくるので、おもしろくて仕方ありません。

若ければよいというものではありませんが、まさに体の相性がぴったりだったのです。

もちろん妻だって十分に魅力的です。子どもを産んでからは性欲が増したようで、最低でも週に一回は求めてきます。

不倫の彼女とは違い、絶対的な安心感と気軽さがありますから、一概にどちらがよいとは言えません。

あまり情が移ってしまう前に別れないといけないな、などと考えつつ、今年はホワイトデーのお返しに、奮発して高級レストランを予約してしまいました。

ここ数年、妻をそんなところに連れていってやったことはないくせに、若い女には見栄《みえ》を張り、媚《こ》びてしまう情けない自分がいました。

当日、めかしこんできた彼女はまぶしいほどきれいでした。

こんなに素敵なお店は初めてと言って喜んでくれましたが、チクッと嫌味も言われました。

「ほんとうのホワイトデーは明日だけど。でも、それは言っちゃだめね」

慣れ親しむにつれ、ときどき妻に対する嫉妬《しっと》心を露にすることがありました。正直、そんなところがかわいいと思うこともあれば、うっとうしく思えてしまうこともあります。

ただ、そんなふうに嫉妬を露にしたあとほど、彼女は激しく燃えるのです。ホテルの部屋に入るまでの辛抱と、自分に言い聞かせていました。

気どってワインを飲む彼女の顔を正面に見つめながら、そのあとに豹変するゆがんだ顔を思い浮かべていました。

きらびやかな内装にしっくり溶け込む華やかな女を連れていると、優越感にひたれます。

みんな見てくれ、俺はこのあとこの女とやるんだぜ、なんて思いながら周囲を見渡していると、入店してきたカップルにふと目がとまりました。

どこかで見た顔だったのでギクッとしました。不倫をしていると、そういった人物に敏感になってしまいます。

やがて、はす向かいのテーブルに着席した女の顔を見て「あ!」と声が出そうになりました。

近所に住む、四十代の奥さんでした。

妻は奥さんと親しくしているようで、たまにおすそ分けなどをもらってくることがありました。私も旦那とは町内会の寄り合いでよく顔を合わせていました。近所でも評判のオシドリ夫婦です。

着飾っていたし、見慣れない男といっしょだったので、すぐにはわからなかったのです。

自分に気づくだろうか？　あの男は誰なんだ？　などと気になって食事どころではなくなりましたが、「おや？」という光景を見てしまい、さらに好奇心がわき起こってきました。

男が奥さんにプレゼントらしき物を渡すと、テーブルの上で指を絡ませながら、微笑みを交わしていたのです。

連れの彼女に視線を追われないよう注意しながら、そのあとの展開を見届けようとしていたとき、一瞬奥さんと目が合ってしまいました。

あわてて視線をそらしましたが、驚いたのは向こうも同じだったと思います。もしかしたら同じ事情かもしれないぞ、そんなことを考えながら、とにかくその場をしのいで食事を終えました。

ところが会計を終えて外へ出ようとしたとき、奥さんが私を追ってきたのです。

「あ、こんばんは！　奇遇ですねぇ。今日は会社の部下といっしょなんです」

必死でごまかしていると、ニヤッと笑った奥さんが耳打ちしてきました。

「明日か明後日、時間あります？　これ、私の連絡先。ちょっとお話ししたいの」

そう言って私の連れに会釈をすると、席に戻っていきました。

翌々日、仕事帰りに彼女の指定した居酒屋で待ち合わせました。

個室風になっていて、落ち着いた雰囲気の店です。奥さんは先に来ていて、私の顔を見るとニコッと笑ってくれました。

レストランのときよりだいぶラフな格好でしたが、ピチピチのニットの胸元は、強調しているかのように乳房のふくらみが目立っていました。

「先日はびっくりしたわ。まさかあんな場所でお会いするなんて」

少し緊張したような面持ちで、こちらの出方をうかがっている様子でした。

「ぼくだって驚きました。ヤバいって思って逃げ出したくなりましたよ」

こっそりと話し合いの機会を設けたからには、きっと口裏を合わせておきたいのだろうと察していました。むだな探り合いはやめて協力し合うのがいちばんだと思い、彼女との関係を認めたのです。

「やっぱりあなたも不倫なのね。じゃ、お互いに秘密を守るってことでいい？」

「もちろん。ぼくは家庭を壊す気はないし、奥さんだってそうでしょう？」

そう言って互いの目を見つめ合うと、ようやく肩の力が抜けて同時に吹き出してしまいました。

「まったく、私たちマヌケね。でも彼女、かわいかったわね。やるじゃない」

「いやいや、奥さんこそ彼氏はなかなかのイケメンでしたよね」

それまで軽いあいさつを交わす程度だったのに、急速に親しみがわいてきたのです。

ふと、こんなに心が和《なご》んだのはいつ以来だろうと思いました。不倫を始めてからはいつも妻にバレやしないかとビクビクしていたし、愛人の女心も気づかわなければなりませんでした。

年上の奥さんのおおらかな笑顔に、優しく包み込まれていくような解放感を得ていたのです。

そんなに間近で見たのは初めてでしたが、四十代半ばにしては肌にシミひとつなく、艶やかな巻き髪も、よく手入れされているのがわかりました。

目尻には小じわがあるものの、それがむしろ女性の柔らかい雰囲気をかもし出していて、大人の色気を感じました。

さらに、浮気するほど性欲が旺盛《おうせい》だとわかったうえで観察してみると、ぽってりした唇の動きや、動くたびに揺れる胸元など、どれもがいやらしく、男を誘っているように見えてしまいました。

奥さんも同じように解放的な気分になったのか、酒が進むにつれ、本音《ほんね》を語りはじめていました。

「うちはセックスレスなの。仲はいいんだけれど、やっぱり物足りなくて」

旦那は年上で、五十過ぎだったはずです。個人差はあるのでしょうが、その年になるとめっきり弱くなる男もいると聞いたことがあります。

「うちは週一でやってますよ。でもね、不倫のワクワクや刺激は別もので」

そう言うと、奥さんが目をキラキラさせました。

「そうそれ！　非日常の刺激が欲しいのよ、あ〜ん、わかってくれてうれしい」

そう言って、テーブルの上で私の手を握り締めてきたのです。

だいぶ私に気を許してくれた様子で、自分はダブル不倫であるために、なかなか会えないのが不満だなんてことまで口にしていました。

「あぁ、今夜は楽しいわ。本音を語り合える人なんてそうそういないもの」

そう言うと、テーブル越しに身を乗り出してきて小声でささやいたのです。

「ねえ、もしよかったら秘密を共有した記念に、もっと親睦《しんぼく》を深めない？」

一瞬意味がわかりませんでした。

身を乗り出してきた奥さんの胸の谷間がしっかり見えていたので、じっとそこを見つめながら答えていました。

「親睦？　どうやって？」

すると奥さんは握っていた手に力を込めて、ニヤッと笑いました。

「もっと語り合うの、人目を気にせず……ホテルで。どう？」

女性から誘われたのは初めてのことなのでドギマギしてしまいましたが、目の前にちらつく胸の谷間に手を突っ込んでみたい衝動に駆られました。

四十代の女、それも人妻なんてそうそう味わえるものじゃありません。それに、体の関係を作ってしまえば、秘密を守るうえでさらに堅い結束が結ばれるであろうと考えました。

「語り合うより、もっと親睦が深まる方法もありますしね」

私は、込み上げてくる笑みを隠し切れず、素直にうなずいていました。

離れて歩きながらホテルに向かい、部屋に入るとホッとして体の力が抜けていきました。

それと同時に、幾度となく家のそばであいさつを交わした奥さんのエプロン姿が頭に浮かび、その人とホテルの部屋にいるということに、激しい興奮を覚えていました。

若い女との浮気よりも、よほどスリルがあり、刺激的だったのです。

「いやん、散々顔を合わせてたのに、こうして向き合うとなんだか照れるわね」

大胆に誘ってきたわりには、小娘みたいに頬を赤く染めていました。

いまの彼氏が初めての浮気と言っていたので、そういった状況に慣れているわけではなさそうでした。

ここはたとえ年下でも、男の私がリードしなくちゃいけないなと思いギュッと抱き寄せたのです。

「アアンッ、逞しい腕ね。うふん、ムズムズして脚が震えてきちゃう」

抱き締めた体はふっくらとした厚みがあり、鼻先をくすぐる髪からは、バラのような香りがただよってきました。

「さぁ、服を脱がないと。においやしわがついちゃうわ。女って敏感なのよ」

そう言って、ジャケットを脱がされました。若い彼女には、そんな気づかいをされたことはありません。

浮気がバレないようにアドバイスまでしてくれる奥さんを頼もしく感じました。

「今夜も遅くなって大丈夫なの？　奥様、怒らないかしら」

心配しているような口ぶりでしたが、ネクタイもほどかれてしまい、帰す気などさらさらないことが伝わってきました。

「大丈夫。一昨日は浮気したけど、昨夜は妻をたっぷりかわいがりましたから」

答えながら、今日はこれで違う女と三連チャンになるのか、と自分の放蕩《ほうとう》ぶりをおもしろがっていました。

ベッドに腰をおろすと、私の膝の上に大きなお尻を乗せながら首に腕を巻きつけてきました。じっとりとした熱い体温が伝わってきます。

「まぁ、連日お盛《さか》んだこと。私も人のことを言えないけど」

話しながらワイシャツのボタンをはずしはじめ、はだけた胸元に、指先を這わせてきました。

「奥さんこそ、立て続けの外出で旦那さんに怪しまれたりしませんか？」

まじめそうな旦那の顔が頭に浮かびました。

「平気よ。うちの人、こんなオバサン誰も相手にしないって高くくっているの」

朝の出勤時に、旦那を外まで見送り手を振る奥さんの姿を何度も見かけたことがあります。そんなにけなげな妻が、まさか浮気をするなんて想像もしていないのかもしれません。

体を密着させていると、それだけで股間が硬くなりはじめました。

秘密にする必要も、おだてる必要もない相手だと思うと、ありのままの性欲を剝き出しにできたのです。

奥さんが、待ちきれないというふうに唇を寄せてきました。私もそれにこたえて舌をねじ込み、互いに唇を吸い合いました。

キスをしたまま彼女の体を抱きかかえ、体じゅうに手を這わせていくと、すぐに喘ぎ声を洩らしはじめました。

「ア、アン、ンッフン……アァッ！　今日は特別感じやすいみたい、うふん」

どこもかしこもムチムチとしていて、おっぱいは手のひらからはみ出していたし、太腿はまるまるとしていてスカートがはち切れそうでした。

太ってるとまではいきませんが、柔らかな贅肉が体じゅうをおおっていました。

奥さんは、私の首や胸をなでながら、うっとりとした表情で見つめてきました。

「イヤン。けっこうムキムキしてるのね。こういう男くさい体、好きなの」

そう言われてみれば、旦那はどちらかというと華奢な感じで、私より背も低かったな、などと思い返していました。

奥さんは徐々に息を荒くしながら、私の上半身を舐め回しはじめました。そうしながら、ズボン越しに股間をなでられたのです。

「アアン、すっごい。もうこんなに大きくなってるぅ！　ねぇ、見せて」

そのままベッドの上に押し倒されていました。

奥さんはなおも攻撃の手をゆるめず、あおむけに寝た私に襲いかかってきて、あっという間にズボンや下着が脱がされていきました。

「あらぁ、大きいのが出てきたわ。カチンコチン。全部舐めてあげる」

我ながら、ほれぼれするほどいきり立ったペニスに、奥さんの細い指が巻きついてきました。

奥さんは、ペニスを見つめて舌舐めずりしながら、ゆっくりと手を動かしてきました。

「ぼくばかり裸で恥ずかしいな、奥さんも脱いでくださいよ」

するとと奥さんは、照明を少し落として服を脱ぎはじめました。

「若いお嬢さんと比べちゃイヤよ。最近また太っちゃったから」

浮かび上がった生白い肌には、締めつけていたブラジャーの跡が赤く残されていました。

解き放たれたように飛び出してきたおっぱいは、服の上から見るよりも、ボリュームがありました。

少し垂れてはいましたが、むしろその崩れ方がとても卑猥に見えました。熟しきってユルユルになった体は、その実を剝き出しにして、豊潤《ほうじゅん》な香りを漂わせているかのようでした。

胸だけではなく、せり出した下腹やだぶついた腰回りなど、若い女とはまるで違う生物のようです。

その体に比べれば、二十代の彼女も三十代の妻も、まだまだ青い果実のようだと思いました。

思わず手を伸ばすと、柔らかくしっとりとした肌が指先に吸いついてきました。

「アッ、アッ、すごく感じちゃう、気持ちいいわ、ンフゥ〜〜」

おっぱいがつぶれるほど指先を食い込ませてもんでいると、黒ずんだ乳首がムクムクと硬くなりはじめました。

奥さんは体をくねらせ、おっぱいを私の体になすりつけながら下半身まで舐め回してきました。

這い回る温かな舌の感触にゾクゾクするような気持ちよさを覚えました。

私も時間をかけて愛撫をする方ですが、自分がそうして愛撫を受けたのは初めてのことです。

「いつもこうして、男の体にサービスするんですか?」

すると奥さんは、唾液にまみれた唇を舌で舐めながら、熱に浮かされたような表情を浮かべました。

「サービスだなんて。舐めるのが好きなの。こうしているだけで濡れちゃうの」

それを聞いてオシドリ夫婦である意味がわかった気がしました。

いまはセックスレスだったとしても、長年そのような愛情表現をされていたら、旦那だって大事にするに決まっています。

けれど、そうして尽くしてきたからこそ、セックスレスになった反動も人一倍大きかったのかもしれません。

奥さんは、丸くて大きい尻をこちらに向けながら、とうとう足の指までしゃぶりはじめていました。

最初はくすぐったかったのですが、耐えているうちにどんどん気持ちよくなってきました。感触よりも、体の隅々まで奉仕されていることの満足感のほうが大きかったかもしれません。

「ああ、奥さん、やらしいな。ほんとに濡れているんですか？　確かめますよ」

丸い尻の割れ目に食い込んでいたショーツに手を伸ばして、ズルッと引きずりおろしました。

「アアッ！　いやぁん、丸見えになっちゃう、アハ、ン！」

さらに手を伸ばして、剝き出しになった尻の割れ目をなぞりました。

赤黒い裂け目は、パカッと口を開いて、べとべとの愛液を垂らしていました。

「ンア、ああ……硬いやつをいっぱい舐めたい」

のっそりと体の向きを変えた奥さんは、私の股間に這い上がってくると、両手でペニスを包み込みながら唇を寄せてきました。

「まさか、あの人のご主人の、コレを舐める日が来るなんて。ドキドキするわ」

前日までの遠い関係性を頭に巡らせながら興奮しているのは、私も同じでした。性的な対象という意味では、近所の奥さんなんて、すごく身近にいるくせに、もっとも遠い存在です。

そんな奥さんが、自分のペニスをペロペロ舐めながら、口いっぱいに頬張っているのです。その顔をじっと見おろしているだけで、ふだんの数倍の気持ちよさが込み上げてきました。

艶やかな髪を振り乱して夢中でしゃぶりついてくる奥さんは、いつもの上品なたたずまいの人とは別人のようでした。

妻と愛人の淡白なフェラとは違い、ねっとりとゆっくりと、執拗に責め立てられました。そうするのが好きで好きでたまらないというような顔をしてしゃぶりついてくるのです。

それほどまでに性欲を持て余している女を放っておけば、浮気されるのも当然だろうと思いました。

「アアン！　舐めていると欲しくなっちゃう、もっとしてあげたいのに！」

もう十分すぎるほど愛撫してもらっていました。裸になってからずっと、自分は大の字に寝たままです。

こんな殿様気分のセックスもあるのかと思いました。奥さんを抱かなくなった旦那は、こうされることが、どれほどぜいたくなことなのかわかっていないのでしょう。

若い女には、とうてい望めないことです。

「奥さん！　ぼくも限界ですよ、こっちに来てください」

唇に唾液を滴らせた奥さんが、ハァハァしながら私の腰に跨ってきました。

「上になっていい？　アァ、もうダメ、早く入れたい」

ペニスの上で前後に腰を振りながら、びしょ濡れの亀裂を押し当ててきました。

私も下から腰を突き上げると、ペニスはズボッと埋まっていきました。

淫らな穴の中は思いのほか熱く、どろどろの溶岩の中に吸い込まれていくような感覚でした。

「ウッハ〜〜ン！　気持ちいいっ、ハウッ、すごい、奥まで刺さるぅ」

奥さんが喘ぎながら腰を回転させてくると、その拍子に穴の奥がキュキュッと締まってきました。

自分のものがふくらみすぎているのか、彼女のアソコがきついのか区別がつかないほど、溢れ出た潤滑液が二人の性器のすき間を埋め尽くしていたのです。

私は枕を高くして、奥さんのよがる顔と、挿し込んでいる下半身を見比べていました。

「もっと脚を開いて見せて。ああ、奥さんのいやらしいところに入ってる!」

奥さんはM字開脚のまま、さらに腰を突き出してくれました。もっと見てくれと言わんばかりです。

デルタ地帯をおおう贅肉を指で押し上げると、ぷっくりとふくらんだ赤い豆が姿を現しました。そこを指でおしつぶすように刺激してやると、ひと際甲高い声をあげながら、激しく腰を揺すりはじめました。

「ムフ〜〜ッ! 近所の旦那さんのモノがこんなにいいなんて。いけないいわ」

「いけない、いけない」とつぶやきながら、言葉とは裏腹にアソコがどんどん締まってきます。

私もイキそうになり、奥さんの腰をグイッとつかんで突き上げていました。発射しそうになって歯を食いしばったとき、奥さんが大きいお尻に体重をかけてきました。

「抜いちゃだめ！　中に、中にちょうだい！　いっぱい出してくださいね」

すでに限界点を超えていた私は、その言葉に甘えて思いきり奥さんの体内に放出していました。

愛人はもちろんのこと、近ごろは妻さえも妊娠を警戒しています。生で中出しするのは久しぶりのことでした。

その直後、奥さんが、「イク！」と叫んで顎を突き出すと、ぬるま湯のような大量の愛液がザバーッと溢れてきました。初めて体験した潮吹きでした。

「いやだわ、おもらししちゃったみたい……あなたに気を許した証拠よ」

お互いにすべてをさらけ出したことで、欲望のままに突っ走っていました。

その日以降も奥さんとは、何食わぬ顔であいさつを交わしています。いまではもっとも気を許せる相手となり、若い愛人に疲れた日には心身ともにいやされています。

「責任をとって」と迫る娘の元カレとの久々のセックスにはしたない声をあげ

佐久間智恵子　事務員・四十四歳

ある小さな地方都市に住み、正社員として事務の仕事をしております。

私には真紀《まき》という二十一歳になるひとり娘がおり、同級生の小塚《こづか》くんと高校時代から交際していました。

彼はとてもまじめでおとなしい反面、話すと気さくな青年で好感を抱いており、いずれは結婚して幸福な家庭を築いてほしいと思っていました。

うちにもしょっちゅう遊びにきていて、私とも仲がよかったのですが、ある日を境にまったく顔を出さなくなってしまったんです。

娘に話を聞くと、「別れたよ」とあっけらかんと言い放ち、ただ啞然とするばかりでした。

真紀はちょっとわがままな性格で、甘やかして育てたのがいけなかったのかもしれません。きっと、小塚くんをかなり振り回したんじゃないかと思います。

残念ではありましたが、当人同士で決めたことに首を突っ込むわけにはいかず、軽くたしなめるだけにとどまりました。

その日から、三カ月ほどたったころでしょうか。

デパートに買い物に行ったときのこと、背後から呼びかけられ、振り返ると、小塚くんがにこやかな顔で立っていました。

「あら？」

「どうも、お久しぶりです」

「ホントに……元気にしてるの？」

「ええ、まあ」

彼はちょっとバツが悪そうに、頭をかいてはにかみました。

やはり、別れの原因は真紀にあるのではないか？　そう直感した私は、小塚くんに誘いをかけました。

「今日は？　何か用事があるの？」

「いえ、CDを買いにきただけですから、特別ないです」

「そう、なら、ちょっとつきあって」

「え？　ええ、かまいませんけど……」

彼は口数が多いほうではないので、少しでも口を軽くさせようと、個室居酒屋に連れ込みました。

そのときは、お酒が弱く、あまり飲めないと言っていたことをすっかり忘れていたんです。

いまとなっては、よかったのか、悪かったのか……。

よくよく話を聞くと、どうやら真紀に気になる人が出来たらしく、一方的に別れを告げられたとのことでした。

「……まあ」

「仕方ないです……ぼくはおもしろい人間じゃないし、きっと退屈してたんじゃないかと思います」

「ひょっとして……あの子、ふた股をかけてたんじゃない？」

小塚くんとの交際中、娘は何度か夜遅くに帰宅したことがあったのですが、見慣れぬ車で送ってもらっていたことを思い出したんです。

「いや、それは……」

悔しげに唇を噛む様子を見て、私はすべてを察しました。

「やっぱり、そうなのね……あの子ったら！」

親の責任を感じたというわけではないのですが、小塚くんをかわいそうに思い、そのときはただ慰めることしかできませんでした。

「あなただったら、もっとかわいい子が現れると思うわ。まだ、若いんだし」

「……そうでしょうか？」

「ええ、もちろんよ！　おばさんが保証するわ」

フラれたことはもちろん、真紀の不誠実なふるまいはやはりショックだったのだと思います。

飲むピッチが速く、小塚くんは一時間も経たずに出来上がってしまいました。

「そろそろ帰りましょうか？」

「あ、歩けないです」

「いいわ……私が送ってあげるから。確か、いまはS町のアパートに住んでるのよね?」

「す、すみません」

タクシーを拾い、家まで送り届けたまではよかったのですが、足元がふらついており、心配になった私もいっしょに降りました。

「大丈夫?」

「いや……だめかもしれません」

「あぁン、もう……しっかりして」

結果的に母娘で迷惑をかけてしまったのですから、私は部屋まで連れていき、介抱するしかありませんでした。

「それじゃ私、そろそろ帰るわね」

「……あ」

「ん、何?」

冷えた水を飲ませ、ベッドに寝かせたところで、小塚くんは手首をつかんでつぶやきました。

「責任を……とってください」

「はあ？」

「おばさんが、真紀ちゃんの責任をとってください」

「責任って……どうすればいいの？」

「……やらせてください」

およそ彼らしくない言葉に、私は呆然《ぼうぜん》とするばかりでした。

相手は酩酊《めいてい》状態で、そのときは本気ではないと思いましたし、そのままアパートをあとにしようとしたのですが、彼は手をつかんで放さないんです。

「おばさんのこと、素敵な人だなと思ってたんです。その娘さんに、まさかこんなかたちで裏切られるとは考えてもいませんでした」

「それは、申しわけないとは思ってるけど……」

「……お願いします！」

「きゃっ！」

手を引っぱられ、私はベッドに押し倒されたあと、唇を奪われました。

こちらもお酒がかなり入っていたため、下腹に当たる硬い感触に頭がポーッとしてしまって……。

いけないことだと頭ではわかっていたのですが、好感を抱いていただけに、最後まで自制心が働きませんでした。

「好きです！　好きなんです！」

「ああっ」

抵抗はしたものの、胸をもみしだかれた瞬間、体から力が抜け落ちました。

「あ……あぁ」

言いわけをするつもりはありませんが、夫との営みが二年以上もなかったため、欲求が溜まっていたのかもしれません。

「ああ、おっきい、おっきいです！」

続いてスカートをたくし上げられ、指先が女の中心部を捉《とら》えると、今度は電流が体を走り抜け、あそこから熱いうるみが溢れ出しました。

「あっ、やっ」

あわてて手首をつかんだものの、くるくると回転した指先がショーツの上の突起をまさぐりました。

感じていることを知られたのではないか。そう考えると恥ずかしくて、私は腰を何度もよじりました。

ショーツのすそから指が侵入してきたときに、最後の一線を越える覚悟をしたのではないかと思います。

理性が吹き飛ぶほどの快感が次々に押し寄せ、自ら恥骨を突き上げました。

くちゅくちゅと響き渡る水音もさらなる昂奮を促し、私はいつしか熱い吐息を放っていたんです。

「すごいです、この音、聞こえますか？」

「く、くうっ……あ、あぁぁン」

指のスライドが速度を増し、敏感な箇所を上下左右に転がしました。

恥ずかしながら、それだけの行為で絶頂へと導かれてしまったんです。

「ひっ、ひうぅぅっ」

ヒップを何度もバウンドさせ、私はめくるめく快感に身を委《ゆだ》ねました。

アクメに達したのは、小塚くんもわかっていたのでしょう。

ショーツから手を引き抜くや、私の手を自分の股間に導き、大きなふくらみをグイグイ押しつけてきました。

「もう、こんなになっちゃってるんです」

「……ああ」

石のように硬い感触に、女の本能がせきを切って溢れ出しました。

娘の元彼という事実が消し飛び、私は足を絡め、自ら股間のテントをなで回していました。

「あ、だめっ」

ショーツを引きおろされると、さすがに恥ずかしさから拒絶しましたが、愛液は意に反して溢れるばかりでした。

「舐めたい、舐めたいです」

「あぁン」

小塚くんは下着を足首から抜き取り、両足を強引に割り開こうとしました。

若い男の子の力って、ものすごいんですね。

いくら力んでも、あっという間に広げられ、女の園を剝き出しにされてしまいました。

「あ、ひぃっ」

彼は股のつけ根に顔を埋め、縦溝に沿ってぴちゃぴちゃと舐め回しました。舌先がクリトリスを弾くたびに性電流が身を焦がし、あまりの快感に二度目のエクスタシーに達するかと思ったほどです。

じゅるじゅると愛液をすする音が聞こえてくると、顔がカッとほてり、おチ〇チンが欲しくて欲しくてたまらなくなりました。

私は身を起こし、はしたなくも体位を入れ替え、小塚くんのジーンズのホックをはずしました。

「あ……おばさん」

「自分ばかり、ずるいわ」

「は、恥ずかしいです」

「私だって、恥ずかしかったんだから」

紺色の布地をトランクスごと引きおろすと、ペニスが反動をつけて跳ね上がり、獣じみた汗のにおいがふわんと立ちのぼりました。

いやなどころか、なつかしい香りに胸の奥が甘く疼き、唇を舌で何度もなぞりました。

まるまるとした亀頭、エラの張ったカリ首、裏側に入った強靱な芯と、夫とは大きさも硬度も段違いだったんです。

「はあっ、おっきい！」

宝物を見つけた子どものように、私は目をらんらんとさせ、甘ったるい声を出しながらペニスを両頬にこすりつけました。

「く、くふぅ」

ソフトなキスを何度も浴びせ、胴体に唇をすべらせると、頭の上から小さなうめき声が聞こえました。

私はおチ○チンに唾液をたっぷりまぶしたあと、真上からがっぽりと咥えこんであげたんです。

「はうっ！」

大袈裟な反応と喘ぎ声がかわいくて、喉深くまで呑み込み、上下の唇で思いきりしごいてあげました。

「ああ、ああ、いい、気持ちいいです」

「う、ふンっ」

「チ〇ポが溶けちゃいそうです」

「はあっ、もっと気持ちよくしてあげる」

舌先で縫い目を掃きながら顔の打ち振りを速めると、彼は両足を一直線に伸ばして声を張りあげました。

「あ、おおおぉぉっ！」

じゅっぽじゅっぽとはしたない音を立て、あれほどの淫らなフェラチオは夫にもしたことはありません。

前ぶれの液が溢れ、苦味が口の中に広がるころ、小塚くんは目をとろんとさせてつぶやきました。

「したい……したいです」

私の性感もピークに達しており、まったく同じ気持ちでした。

ペニスを口から抜き取り、服を脱ぎはじめると、彼もあわててシャツを頭から抜き取りました。

まさか、あんな若い男の子に裸体を披露することになろうとは……。

いまでも振り返ると、顔から火が出るような思いです。

ブラジャーをはずしたところで、小塚くんは獣のように襲いかかり、私をベッドに押し倒しました。

「ああ、おっぱい、大きい……ずっとあこがれてたんです」

彼は胸に顔を埋め、乳房をわしづかみにし、ニュッと突き出た乳首を赤ちゃんのように吸い立てました。

「あぁぁンっ」

腰をくねらせながら足を絡め、恥骨を下腹に押しつけると、あそこがジンジンとひりつき、とうとう自分からおねだりしちゃいました。

「入れて……入れて」

「ぼくも我慢できません！」

小塚くんは鼻息を荒らげ、握りしめたおチ〇チンをあそこにあてがいました。

期待に胸をふるわせたものの、ものすごい圧迫感で、身が裂かれそうな痛みが走ったんです。

「あ、あ……」

思わず顔をしかめた瞬間、カリ首が入り口をくぐり抜け、勢い余ってズブズブと膣の中を突き進みました。

「あ、はぁあぁあっ」

とたんに官能電流が身を駆け抜け、全身がとろけそうな感覚に包まれました。

彼の背中を両手でパシンと叩いてしまうほど、凄まじい快感だったんです。

「あ、くうっ……き、気持ちいい……あったくて柔らかくて、やわやわと締めつけてきて、こんなの……初めてです」

「あ、あたしも……気持ちいいわ」

しばしの一体感をたんのうしたあと、小塚くんは腰を振りはじめました。

抜き差しを繰り返すたびに快感は上昇していき、顔を左右に振ってはシーツを引き絞りました。

「ああ、やぁぁ」

あのときはとにかく気持ちよすぎて、自制心が少しも働かなかったんです。

愛液は無尽蔵に溢れ、膣肉は早くもうねりだし、無意識のうちにおチ○チンを引き転がしていました。

「ああ、いいっ！　いいっ！」

久々のセックスに、私ははしたない声を盛んにあげました。

ヒップを浮かせ、恥骨を上下に振り、自ら快感をむさぼってしまったんです。

「あう、そんなに腰を動かしたら、イッちゃいます」

小塚くんが泣きそうな顔でつぶやき、細い腰を小刻みにふるわせました。

挿入してから、五分もたっていなかったと思います。

「ああ、いいわ、出して、中に出して！」

安全日だったので、私は膣内射精を求めました。

若い男の子の熱いしぶきを、子宮で受けとめたかったんです。

「ぬおおおっ」

「ひぃうっ」

亀頭を子宮口にガンガン打ちつけられると、頭の中が真っ白になり、全身がふわふわと浮き上がる感覚に酔いしれました。

「イクっ、イキますよ！」

「私もイクっ！」

「あ、ぐ、ぐうぅぅ！」

「イクっ、イクっ、イクイク、イックぅぅぅンっ」

精液が放たれた瞬間、私は天国に昇天するような感覚に包まれ、久方ぶりの絶頂感をこれでもかと味わいました。

結局、シャワーを浴びたあとも二回したのですが、回を追うごとに彼の持続力が増し、乱れに乱れてしまったんです。

シラフに戻ると、とんでもないことをしてしまったと後悔しました。

娘の元彼とデキちゃうなんて、あってはならないことですよね。

それからは彼の誘いを理由をつけて断っているんですが、あの日の激しいセックスを思い出すたびに心が揺れ動いてしまうんです。

美人ピアノ教師の過激な密着レッスンでドスケベな体を思う存分もてあそび……

井上康介　会社員・四十歳

これといって趣味もないまま勤め人生活をしていたら、いつしか四十男になってしまいました。週末いつも家でゴロゴロしているだけの私を見かねた妻が、「楽器でも覚えてみたら」と知り合いのピアノ教師を紹介してくれました。

ピアノ教師といっても、近所の奥さんが自宅でやっているごくささやかなものです。試しに訪ねたお宅で私を迎えてくれたのは、私と同世代の、玲香《れいか》という女性でした。

いかにもピアノの先生という雰囲気の、実に品のいい美人です。

「こんなトシでお恥ずかしいんですが……」

恐縮しながら私があいさつすると、玲香は優しく微笑みかけてくれました。

「あら、ものごとを学ぶのに、年齢なんか関係ないんですよ。大歓迎です」

そんな感じで、私のピアノレッスンは始まりました。

正直、よく知らないよそのお宅に日曜の昼間からお邪魔して、そこの奥さんと差し向かいというのは妙な感覚です。旦那さんは日曜も仕事、娘さんは習い事に行っていて、大きな家にほんとうに二人きりなのです。

それに、玲香は美人なだけではありません。家の中でも私を迎えるときにはいつもほんのりと化粧をし、上品な中にもむせ返るような色気がただよっています。薄いブラウスの下には、ウチの妻とは比較にならない豊満なバストがたわわに揺れ、女として見るなというほうが無理な話です。

レッスンは毎回一時間ほど。玲香は毎回、わざとかと思うほど私に体を密着させ、甘ったるい声でコーチしてくれます。

耳元にかかる生暖かい息や、肩にもっちりとふれる巨乳の感触に、私はぶっちゃけピアノどころではありません。

「す、すみません、覚えの悪い生徒で……」

そういう私の手に、自分の細い指を重ねて、玲香はしっとりとささやきます。

「いいんですよ、あわてなくても……二人で、ゆっくり、お勉強しましょう」

「でも、大事な日曜日に、ほんとうはご迷惑じゃないですか?」

するとと玲香はじっと私の目を見て、首を横に振るのです。

「そんなこと、ないですよ。実は最近、ピアノを習う方も少なくて……それに、井上《いのうえ》さんみたいな素敵な男性とお話できるの、わたしも楽しいんです。わたし、出不精《でぶしょう》だから異性のお友だちは全然いないし、夫とは最近、会話もろくになくって……だから井上さんが毎週いらしてくださるの、とっても刺激的……」

もしかして、誘われているのだろうか。

私は口の中がカラカラになっているのを悟られないように、なんとか声を絞り出しました。

「こんなきれいな奥様と話もしないなんて、悪い旦那様ですね」

「そうなんですよ。わたしだって、まだオンナなのに……わかります?」

玲香の手が、いつの間にかピアノ椅子にかけた私の股間を、やんわりとなでさすっていました。玲香がふれる前から、私のそこはもう半勃ちでした。

「あ……奥さん、なにを……」

「ふふっ、井上さん、ここ、硬くなってます……わたしなんかで、おいやじゃないですか……？」

まさか、こんな深窓の令夫人といった感じの美人奥様が、これほど積極的だったなんて。もちろん据え膳食わぬはなんとやらです。こんなナイスボディの美熟女に迫られて、それを断るほどこっちもさびついてはいません。

「イヤなわけないですよ。実は、初めてお会いした日から、ずっとムラムラしっぱなしでした。ほら、ムスコもうビンビンですよ」

私はスラックスのファスナーをおろすと、我ながら見事にそそり立った自慢のイチモツを露出させました。

玲香は目をキラキラさせてそれを見つめると、ピアニストらしい繊細な長い指で、そっと包み込んでくれます。

「まあ、いやだわ、とっても大きいんですね、井上さんの……それに硬くて逞しいわ。うちの夫のとは段違い……」

「うう……そのタッチ、たまりませんよ、奥さん。ああー、気持ちいい」

セレナーデを奏《かな》でるように優しい指づかいで、玲香は私の勃起しきったものを刺激してくれます。玉袋からさわさわと竿を這い上り、ズル剝けた亀頭をなでさすります。

玲香の指がふれるたび、私のナニはみっともなくヒク、ヒクしてしまうのです。

「ああん、この太さ、硬さ……たまらないわ。ねえ、お口でお味見させていただいてもいいかしら？」

「はい、ぜひ、お願いします」

すでに息を荒くしながら、私はうなずきます。

玲香は床に膝をつくと、私の脚の間に入って、いきり立ったモノに美しい顔を寄せました。クンクンとにおいをかぎ、それが発するオスの香りにうっとりと目を細めます。

そしてピンク色の舌を出すと、チロチロと先端から舐めはじめました。

玲香のベロは柔らかくねっとりと濡れ、鈴口をねぶられるとその心地よさに、私は思わず「うぐっ」と声が出てしまいます。

「はあ……おいしい。井上さんのおち〇ぽ、おいしいわ。んん……」

私は玲香の髪をなで、少し意地悪く言いました。

「いやらしい顔してますよ、奥さん。ち〇ぽお好きなんですね」

「だって、うちのひと、もう全然元気がなくて……わたし、三年もセックスしていただいてないのよ。わたしはいつも性欲ムラムラなのに。んんーっ、やっぱりピンピンのおち〇ぽって最高。お口いっぱいに味わっちゃおうかしら」

玲香は私の目をじっと見つめながら、私のソコを艶やかな唇の中にゆっくりと咥え込んでいきます。硬い肉塊で口いっぱいになって玲香は苦しげに眉をしかめますが、それでもさらに奥へと、えずく寸前まで私のナニをすすり込みます。

唾液でいっぱいの熱い玲香の腔内で、舌がぐるぐると私のそこをくすぐり、猛烈な快感です。

それに、お上品な美人妻の唇を、洗ってもいないち〇ぽで汚している征服感がさらに興奮を高めてくれるのです。

「うん……うん……んぐぅ」

玲香は唇の端から透明なヨダレをだらだら洩らしながら、リズミカルな口ピストンを続けます。

「ああ、奥さん、そんなにしたら、口の中に出しちゃいますよ」

するとようやく、玲香は名残惜《なごり》しげにそれを口から出しました。

「ううん……それもうれしいですけど……でも、そこで終わっちゃったらいやです。ちゃんと最後まで……ね？　お願いですから」

「もちろんですよ。ぼくも見たいな、奥さんの体、隅々まで」

私は玲香を立たせると、ブラウスを脱がせてやります。花柄の高級そうなブラジャーが、ずっしりと大きな爆乳を支えています。

続いてロングスカートのウエストのホックもはずすと、同じ柄のパンティが現れます。下着姿の玲香はすばらしくグラマーで、しかも四十代らしいほどよい腰回りのたるみが、さらにいやらしさを増しています。

「やだ、恥ずかしいわ。こんな明るいお部屋で……」

両腕で体をおおってもじもじする姿が、なんともそそります。

私はそばにあったソファの上に、玲香を押し倒しました。

ブラをはずすと、爆乳が雪崩《なだれ》のように溢れ出てきます。白いもち肌の頂《いただ》きに、濃厚な色合いの乳首がもう硬くなってツンとなっています。

「エッチな体してるんですね、奥さん」

「そ、そんなにじーっと見ないで……井上さんのいじわる」

私は玲香の爆乳を荒々しくつかみ、乳首をつまんでやります。

「誘ってきたのは奥さんでしょう？　たしかに、こんなすごい体、一人で持て余してたら、たまらなくなっちゃいますよね」

玲香はせつなそうに眉根を寄せ、甘えた声をあげます。

「ああ……そうなんです。ほんとはわたし、毎日エッチなこと考えて、一人でおま〇こ濡らしてたスケベ女なんです。お願い、わたしのこと、好きなようにいじめてください。めちゃくちゃにしてほしいの」

「ええ、よろこんで」

私は玲香にのしかかり、たわわに熟れたおっぱいを両手でぐいと寄せ、グミのように突き立っている乳首をしゃぶってやります。

ほんとうに性の快楽は数年ぶりなのでしょう、玲香はそれだけでビクッと体をのけぞらせ、「はぁううっ！」とすごい声をあげました。

「おお、もう乳首がコリッコリだ。感じやすいんですね、奥さんのおっぱい」

「だ、だって、井上さんたら、舐めるのおじょうずなんですもの……あ、ああ、いいっ。そうやって吸われると、たまらないですぅ」

深い深い胸の谷間に顔を埋めた私は、玲香に別の要求をしてみます。

「ぼくも少し、楽しみたいなあ。このおっぱいで。いいでしょ?」

私は自分の勃起を握りしめ、あおむけになった玲香の体を跨ぎます。玲香に自分の爆乳を持ち上げさせ、その谷間にナニを挟み込ませました。巨大な乳房の中に、我がイチモツもすっかり埋もれてしまいます。

私は腰を前後に動かし、玲香のパイズリを味わいます。玲香のすべすべした肌と柔らかな乳肉のすき間でヨダレまみれになっていた私のモノは、ぬるぬるとなめらかにピストンします。

これがまた、フェラとはまったく別の気持ちよさなのです。

「ああー、奥さん、最高ですよ。このおっぱい、こたえられないな」

玲香もまた、乳房を性器のように犯される行為にマゾっ気を刺激されているのか、目をトロンとさせて悩ましい声をあげつづけてしまいました。

「はうっ、はうんっ! すごいっ! 井上さんのおっきいおち○ぽ、激しいっ」

ひとしきり玲香の爆乳をたんのうすると、私はいよいよ玲香の太腿の間に体を移しました。

あでやかなデザインのパンティに顔を近づけると、その中心部にはすでにぐっしょりとシミがつき、濃厚な熟女のスケベ臭がたちのぼっています。

「奥さん、もうこんなにおもらしして……いやらしいなあ」

言いながら、濡れたクロッチ部分を指先でこすってやると、玲香は悲鳴のような細い声をあげました。

「あっ、ああーっ、そ、そこは、いやですっ。そ、そんなにいじっちゃ……あうーっ。ねえ、お願い、ほんとに待って……続きはベッドで、ね？　二階に寝室がありますから……ここだと、そのう……」

言われてみれば、ここはピアノが置いてあるリビングルームです。女性的でぜいたくなインテリアで統一された、モデルルームみたいにきれいな部屋でした。夜には家族が団欒《だんらん》を過ごす場所なのでしょう。

玲香の淫らな部分に指いじりを続けながら、私はニヤニヤと、ちょっと悪ぶってみます。

「そうだね、ここだと、奥さんのいやらしい汁のニオイが残っちゃうかもしれませんね。旦那さんや娘さんにバレちゃうかな?」

「は、はい……お願いですから、どうか……あああっ!」

私はパンティのすき間から指を差し入れ、玲香の陰部に直接タッチします。

いちばん敏感なところを指でほじくられて、玲香は快感に思わず、腰を大きくうねらせてしまいます。

「うーん、どうしようかなあ。せっかく盛り上がってきたのにここで中断するなんて、なんか冷めちゃうなあ。今日は、ここで終わりにしましょうか?」

玲香は顔色を変えて、激しく首を横に振りました。

「え……それはイヤ。さ、最後まで……してください。ここまでされておあずけなんて、わたし、ヘンになっちゃいますぅ……」

「そうですよね。ここをこんなにびちょびちょにして、もっとエッチなことしたいですよね。ほら、こんなふうに」

私は二本の指を、ぐりりと玲香の割れ目にねじ込みます。愛液が溢れ返っていた玲香のそこは、苦もなく私の指を呑み込みます。

「あおおーっ! いやああっ! そ、そんな……んぐぅぅーっ!」

「ほらほら、気持ちいいんでしょう？　このままイキたいでしょう？　それとも、もうやめちゃいます？」

私は容赦なく、手マンの動きを激しくします。

「あはぁぁーっ！　はああっ、はあっ！　イキたいっ！　イキたいですぅっ！　お願い、イカせてぇっ！」

「いいですよ。ほらっ、思う存分いやらしいマン汁吹き散らかしてイッちゃいましょう、奥さん」

指を玲香の奥で鉤型《かぎがた》に曲げ、私は膣深くの感じる箇所をこすり立ててやります。

数年ぶりに味わう性の刺激に、日ごろ家族と過ごしている空間でわいせつな不倫行為をしているという背徳感が加わっているのでしょう、玲香はたちどころに背中を弓なりにそらし、絶頂に駆け昇ってしまいます。

「んひぃーっ！　すごいっ！　これすごいっ！　ああーっ、イッ……クッ……！」

玲香は叫びながら、はしたなく腰をガクガクさせます。膣からさらに吹き出した本気汁がパンティから溢れ、ソファにまでシミを作ります。

私が指を引き抜いても、玲香はしばらくの間、絶頂の余韻にぐったりと脱力し、全身を小刻みにふるわせていました。

私はその顔をのぞき込み、いたぶるような薄笑いでささやきます。

「ほんとにエッチな奥さんだ。リビングでこんなにマン汁洩らして。もう部屋中奥さんのま○このニオイでいっぱいですよ」

「ああ、やだ……どうしよう。恥ずかしい」

玲香の手をとり、私は自分の股間へと導きました。玲香の華奢な指が、自然に私のモノを握りしめます。

「ほら、奥さんがスケベすぎるから、ぼくのもまだカチカチですよ。ぼくも、奥さんの中で気持ちよくなりたいな……いいでしょ？　ここでしちゃっても」

玲香は一瞬、葛藤したような表情になりましたが、体の歓びはガマンできなかったようで、喘ぎながらうなずきました。

「は、はい……してください。欲しいの、井上さんのおっきいの」

「ほんとに？　どこに入れるの？　奥さんのどこに？」

私は硬直した亀頭で、玲香のとろとろに湿った割れ目をツンツンつつきます。

じれったそうに玲香は喘ぎ、自分でアソコを押し広げて挿入をせがむのです。

「ああ、ここに……おま○こ、わたしのおま○こに入れてくださいっ！」

卑猥な言葉を口に出したごほうびに、私は自分のナニを、玲香の肉襞の間にぐりりっと押し入れてやりました。

玲香の内側はすでに熱くヒクつき、入れただけで息が詰まりそうな快感でした。

そして玲香は、私のさらに何倍もの歓喜に悶え狂っていました。

「はぁうぅーっ！　おっきいの……おっきいの入ってきました……あぁーっ、やっぱり気持ちいいわぁっ！　井上さんのおち○ぽで、もうパンパンですぅっ！」

私はさらに玲香の奥へと掘り進み、じわりと出し入れの動きを加えます。

ずっぷりと根元まで押し込み、半ばまで抜きかけて、また奥まで……ピストンにつれ玲香の膣襞は複雑に私のムスコに絡みつき、たまらない快さです。

「ああ、いいですよ、奥さんの生ま○こ。ねっとり吸いついてこたえられないっ……もう止められませんよ」

快楽を求める本能に衝《つ》き動かされて、私は玲香の中に突っ込んだモノを思う存分暴れさせました。

「いやぁーっ！　やっぱりカチカチのおち○ぽ最高ですぅっ！　あーっ、こ、こんな深くまで……？　おま○こがこんなに気持ちいいなんて忘れかけてました……あっ、ひっ、ひっ、そっ、そんなに突かれたらわたし、すぐイッちゃいますっ」

「いいですよ、ガマンしないで。いっしょにイキましょう、奥さん」

淫らな欲望で涙とヨダレでべしょべしょにしている玲香の美しい顔を見おろしながらのピストンはほんとうに最高でした。パンパンに張ったキンタマの奥から、男性の欲求汁が放出を求めて煮えたぎってきます。

「あうぅーっ！　イイッ！　ち○ぽぉっ、ち○ぽがイイのぉっ！　もうだめ、無理、ガマンできないぃっ！　イキますっ！　イクイクイクっ！　イックぅーっ！」

乱れきった玲香は、最後に途方もない声で絶叫すると、熟れた裸身を発作《ほっさ》のようにバタつかせました。

私のモノを包んでいる膣が痛いほど締め上がり、私も、もうそれ以上制御が利きませんでした。

獣のようにうなりながら、私は玲香の奥深くにねじ入れたイチモツから、濃厚な白濁をびゅるびゅると解き放ったのでした。

「あー……ああ……すごぉい……どうしよう……」

私がモノを抜いたあとも、玲香はソファに全裸でぐったり横たわったまま、しばらく動けないでいました。股間は愛液と流れ出てきた精液でべとべとで、清潔でおしゃれなリビングルームに、むっとする淫臭を漂わせています。

娘さんにバレないようにいまから掃除するのたいへんだろうな……。

そんなことを考えながら、私は玲香にキスをし、さっさと服を身に着けました。

「すみません奥さん。そろそろ帰らないと女房が怪しむから……次のレッスンも楽しみにしてますね」

もちろん、それからというもの、毎週私と玲香の自宅で不貞行為を楽しんでいます。私は毎回生臭い体液を遠慮なくぶちまけて帰るので、いい加減あちらの家族に気づかれるのではないかと不安もあるのですが、そのスリルがいっそう私たちを燃えさせてしまうのです。

◉読者投稿手記募集中！

素人投稿編集部では、読者の皆様、特に**女性の方々からの**手記を常時募集しております。真実の体験に基づいたものであれば長短は問いませんが、最近のSEX事情を反映した内容のものなら特に大歓迎、あなたのナマナマしい体験をどしどし送って下さい。

●採用分に関しましては、当社規定の謝礼を差し上げます（但し、採否にかかわらず原稿の返却はいたしませんので、控え等をお取り下さい）。

●原稿には、必ず御連絡先・年齢・職業（具体的に）をお書き添え下さい。

〈送付先〉
〠101-8405
東京都千代田区神田三崎町2－18－11
マドンナ社
「素人投稿」編集部　宛

◉新人作品**大募集**◉

マドンナメイト編集部では、意欲あふれる新人作品を常時募集しております。採用された作品は、本人通知のうえ当文庫より出版されることになります。

【応募要項】 未発表作品に限る。四〇〇字詰原稿用紙換算で三〇〇枚以上四〇〇枚以内。必ず梗概をお書き添えのうえ、名前・住所・電話番号を明記してお送り下さい。なお、採否にかかわらず原稿は返却いたしません。また、電話でのお問い合せはご遠慮下さい。

【送付先】 〒一〇一 - 八四〇五 東京都千代田区神田三崎町二 - 一八 - 一一 マドンナ社編集部 新人作品募集係

禁断告白《きんだんこくはく》スペシャル《すぺしゃる》 隣《となり》の淫《みだ》らな人妻《ひとづま》と……

二〇二三年 六 月 十 日 初版発行

編者◉素人投稿編集部【しろうとうこうへんしゅうぶ】

発行◉マドンナ社

発売◉二見書房 東京都千代田区神田三崎町二 - 一八 - 一一

電話 〇三 - 三五一五 - 二三一一(代表)

郵便振替 〇〇一七〇 - 四 - 二六三九

印刷◉株式会社堀内印刷所 製本◉株式会社村上製本所 落丁・乱丁本はお取替えいたします。定価は、カバーに表示してあります。

ISBN978-4-576-23061-0 ◉ Printed in Japan ◉ © マドンナ社

マドンナメイトが楽しめる! マドンナ社 **電子出版** (インターネット)……………https://madonna.futami.co.jp/

Madonna Mate